अंतरिक्ष की रोचक बातें

अंतरिक्ष की रोचक बातें

शिवगोपाल मिश्र
आशुतोष मिश्र

प्रतिभा प्रतिष्ठान, नई दिल्ली

प्रकाशक : **प्रतिभा प्रतिष्ठान**

694-बी, (निकट अजय मार्केट) चावड़ी बाजार, दिल्ली-110006

सर्वाधिकार : सुरक्षित / संस्करण : 2025 / मूल्य : दो सौ पचास रुपए

मुद्रक : जयलक्ष्मी प्रिंटिंग प्रेस, दिल्ली ISBN 978-93-83111-80-0

ANTARIKSH KI ROCHAK BAATEN

by Dr. Sheogopal Mishra & Shri Ashutosh Misra ₹ 250.00

Published by **PRATIBHA PRATISHTHAN**

694-B, (Near Ajay Market) Chawri Bazar, Delhi-110006

दो शब्द

अंतरिक्ष : एक विवेचन

'अंतरिक्ष' शब्द की व्युत्पत्ति इस प्रकार दी गई है—'अंतः स्वर्ग पृथिव्योर्मध्ये ईक्ष्यते इति'। यानी आकाश और पृथ्वी के बीच का मध्यवर्ती प्रदेश 'अंतरिक्ष' है। इस शब्द के दो अन्य अर्थ भी हैं—आकाश तथा वायु या वातावरण।

'आकाश' शब्द के चार अर्थ मिलते हैं—

1. आसमान,
2. अंतरिक्ष (पाँचवाँ तत्त्व),
3. सूक्ष्म और
4. वायव्य द्रव्य जो समस्त विश्व में व्याप्त है।

वैशेषिक द्वारा मान्य 'नौ द्रव्यों' में से आकाश भी एक है—'पृथिव्यप्तेजोवाय -वाकाशकालदिगात्ममनांसि'।

आकाश मंडल का तुल्यार्थी शब्द खगोल भी है। आकाशवर्त्मन शब्द अंतरिक्ष, वायु तथा वायुमंडल का सूचक है।

आकाश का सूचक एक अन्य शब्द 'गगन' है। इसके तीन अर्थ हैं—आकाश, शून्य तथा स्वर्ग।

स्वर्ग का अर्थ वैकुंठ है यानी विष्णु का स्वर्ग। वैसे स्वर्ग सात माने गए हैं। ये आकाश के सप्तावरण हैं। 'द्यु' शब्द भी आकाश या स्वर्गलोक का द्योतक है—'द्यावा पृथिव्यो' अथवा 'द्यावाभूमी' में 'द्यो' (स्त्रीलिंग) ही स्वर्ग या द्युलोक है और 'पृथ्वी' भूलोक है।

ब्रह्मांड

प्राय: विश्व, विराट् विश्व, जगत्, संसार, ब्रह्मांड एक ही अर्थ का द्योतन करते

हैं। ब्रह्मांड = ब्रह्म + अंड = वह बीजभूत अंडा जिससे यह समस्त संसार या विश्व उत्पन्न हुआ।

विश्वरूप : विराट् स्वरूप

'भगवद्गीता' में कृष्ण के विश्वरूप का वर्णन हुआ है—

'नान्तं न मध्यं न पुनस्तवादिं पश्यामि विश्वेश्वर विश्वरूप।'

(हे विश्वरूप! आपका न तो अंत दिखता है, न मध्य, न ही आदि)।

'अनादिमध्यान्तमनन्तवीर्यमनन्तबाहुं शशिसूर्यनेत्रम्।
पश्यामि त्वां दीप्तहुताशवक्त्रं स्वतेजसा विश्वमिदं तपन्तम्॥'

(हे परमेश्वर! मैं आपको आदि, अंत और मध्य से रहित तथा अनंत सामर्थ्य से युक्त और अनंत हाथोंवाला और चंद्र, सूर्य रूप नेत्रोंवाला, प्रज्वलित अग्नि रूप मुखवाला तथा अपने तेज से इस जगत् को तापायमान करता हुआ देखता हूँ।)

'द्यावापृथिव्योरिदमन्तरं हि
व्याप्तं त्वयैकेन दिशश्च सर्वाः।
दृष्ट्वाद्भुतं रूपमुग्रं तवेदं
लोकत्रयं प्रव्यथितं महात्मन्॥'

(और हे महात्मन्! यह स्वर्ग और पृथ्वी के बीच का संपूर्ण आकाश तथा सब दिशाएँ एक आपसे ही परिपूर्ण हैं तथा इस अलौकिक और भयंकर रूप को देखकर तीनों लोक अतिव्यथा को प्राप्त हो रहे हैं।)

'दिवि सूर्यसहस्रस्य भवेद्युगपदुत्थिता।
यदि भाः सदृशी सा स्याद्भासस्तस्य महात्मनः॥'

(हे राजन! यदि आकाश में हजार सूर्य उदय होने से जो प्रकाश होवे वह भी उस विश्वरूप परमात्मा के प्रकाश के सदृश कदाचित् ही होवे।)

गीता के इन श्लोकों में अंतरिक्ष के विस्तार, उसके भीतर सूर्य, चंद्रमा तथा हजारों सूर्यों के प्रकाश का उल्लेख हुआ है। इनसे इस विश्व की विराटता का परिचय मिलता है।

नेति-नेति

'कौन नभ के पार रे कह'

—निराला

नभ यानी आकाश के परे कौन है? शायद ब्रह्म की ओर संकेत है, जिसके

लिए नेति-नेति कहा जाता है—यह नहीं है, यह नहीं है। यह अनंतता का द्योतक है।

नीले आकाश में सामान्य दृष्टि खो जाती है। मन प्रकृति की मनोरमता में रम जाता है। कवि के लिए कहा गया है कि 'जहाँ न जाए रवि वहाँ जाए कवि'। कवि नभ के पार झाँकता है। उसे गहनतम-घोर अंधकार दिखता है। यह अंधकार और कुछ नहीं अंतरिक्ष है, प्रसरणशील ब्रह्मांड है। प्रकाश का उलटा अंधकार है—यानी अंधकार का साम्राज्य बहुत विशाल है।

आइए, इन्हीं शब्दों को टटोलें। लगता है कि विश्व, ब्रह्मांड तथा अंतरिक्ष एक ही शब्द के भिन्न-भिन्न रूप हैं; क्योंकि इनसे उस असीम अनंत सत्ता का बोध होता है, जिसे नेति-नेति कहा गया है।

ब्रह्मांड का स्रष्टा

इस ब्रह्मांड का स्रष्टा कौन है ? हमारे पुराण ब्रह्मा (विधाता) को वह शिल्पी बताते हैं जिसने इस ब्रह्मांड की रचना की। यह उसकी अनुपम सृष्टि है।

किंतु कुछ ऋषि विधाता की कल्पना को अनावश्यक समझते रहे हैं। ऋग्वेद का नासदीय सूक्त कहता है—

'नासदासीन्नो सदासीत तदानीं
नासीद्रजो नो व्योमा परो यत्।'

(सृष्टि के आरंभ में न असत्य था, न ही सत्य। उसी तरह न अंतरिक्ष 'आकाश' का कोई अस्तित्व था।)

यह सृष्टि किससे उत्पन्न हुई, किसलिए उत्पन्न हुई इसे कौन जानता है ?

'को अद्धा वेद क इह प्रवोचत
कुत अजाता कुत इयं विसृष्टिः।'

ऋग्वेद में तो यहाँ तक कहा गया है कि यदि यह सब कोई जाननेवाला है तो यहाँ आकर बताए—

'इह ब्रवीतु य उ तच्चिकेतत्।'

इस चुनौती को खगोलविज्ञानियों ने स्वीकार किया है। उन्होंने इन सवालों का उत्तर देने का प्रयास किया है कि विश्व की उत्पत्ति कैसे हुई, इसका अंत कैसे होता है, उसका विस्तार कहाँ तक है, अंतरिक्ष में विभिन्न ग्रहों का स्वरूप क्या है, क्या अंतरिक्ष की शून्यता सच है, आदि आदि।

अंतरिक्ष और बाह्य अंतरिक्ष

वस्तुतः हम जिसे पृथ्वी का वायुमंडल कहते हैं उसके परे आकाश है।

आकाश को भी 'अंतरिक्ष' और 'बाह्य अंतरिक्ष' में विभाजित किया गया है, किंतु वस्तुतः अंतरिक्ष से खगोलशास्त्रियों का अर्थ बाह्य अंतरिक्ष से है। जहाँ मनुष्य की आँखें देख न पाएँ, जिसे दूरबीन से ही देखा जा सके और उसके भी पार का सारा आकाश 'अंतरिक्ष' है। यह अपरिमित है, अनंत है, असीम है।

वस्तुतः 'अंतरिक्ष की रोचक बातें' नामक यह पुस्तक उक्त प्रकार की जिज्ञासाओं के शमनार्थ आज तक ज्ञातव्य सभी प्रकार की जानकारियों को संकलित करके उसे सुगठित रूप प्रदान करने का एक प्रयास है। इस पुस्तक में छह अध्याय हैं और उनके अंतर्गत तमाम शीर्षक हैं जिनमें रोचक सामग्री परोसी गई है। विश्वास है, हमारे सुधी पाठक तथा नन्हे-मुन्ने इसे समान रूप से रोचक पाएँगे।

—शिवगोपाल मिश्र

—आशुतोष मिश्र

विषय सूची

अध्याय 1

ब्रह्मांड विज्ञान या ब्रह्मांडिकी

परिभाषा ब्रह्मांड विज्ञान की

ब्रह्मांड विज्ञान (Cosmology) विज्ञान की वह शाखा है जिसका संबंध ब्रह्मांड (Universe) की उत्पत्ति, उसकी वर्तमान संरचना, विकास तथा अंतिम नियति से है।

यह ब्रह्मांड किस तरह उत्पन्न हुआ और समय के साथ किस तरह बदलता रहा तथा भविष्य में इसका क्या होगा, इसकी संकल्पनाएँ खगोलविदों द्वारा ब्रह्मांडीय मॉडलों (Cosmological models) के आधार पर की जाती हैं।

विगत साठ-सत्तर वर्षों में इस तरह के तीन मॉडल (Model) सामने आए हैं—

1. महाविस्फोट (Big bang) मॉडल,
2. स्थायी दशा (Steady State) मॉडल और
3. स्पंदमान (Oscillatory) मॉडल।

इन तीनों में से महाविस्फोट मॉडल का पलड़ा भारी है। ऐसे ब्रह्मांडीय मॉडल भौतिक घटनाओं को किसी तरह का दैवी कारण या महत्ता प्रदान न करके उन्हें प्रकृति के नियमों के आधार पर घटित बताने का प्रयास करते हैं।

किसी भी मॉडल द्वारा इस मूलभूत प्रेक्षण की पुष्टि होनी चाहिए कि सुदूर मंदाकिनियों (Galaxies) से आनेवाले प्रकाश को स्पेक्ट्रम में 'अभिरक्त सिरा' (Red End) की ओर विस्थापित होना चाहिए। यह घटना 'ब्रह्मांडीय अभिरक्त विस्थापन' (Cosmological Red Shift) कहलाती है।

आधुनिक सिद्धांत कहता है कि यह अभिरक्त विस्थापन 'डॉप्लर प्रभाव' (Doppler Effect) है, जिसके अनुसार अन्य मंदाकिनियाँ हमसे दूर भाग रही हैं। सुदूरतम मंदाकिनियों में सर्वाधिक अभिरक्त विस्थापन पाया जाता है। वे सर्वाधिक

गति से हमसे दूर पलायन करती जा रही हैं।

इसकी पुष्टि में पाँच मंदाकिनियों की दूरियाँ तथा उनके अभिरक्त विस्थापन के मान दिए जा सकते हैं—

मंदाकिनियाँ	दूरी (प्रकाशवर्ष)	अभिरक्त विस्थापन
कन्या (Virgo)	55 मिलियन	750 मील/सेकेंड
सप्तर्षि (Ursa Major)	700 मिलियन	930 मील/सेकेंड
उत्तरी किरीट (Corona Borealis)	1 बिलियन	13,400 मील/सेकेंड
बोतीज (Bootes)	1.8 बिलियन	24,400 मील/सेकेंड
महासर्प (Hydra)	2.8 बिलियन	38,000 मील/सेकेंड

आकाश गंगा से दूर भागती मंदाकिनियाँ

यदि दूरी तथा विस्थापन वेग (मील/से.)के बीच आरेख खींचा जाए तो पाँचों मंदाकिनियाँ एक सीध में पड़ेंगी।

इस तरह के संबंध का गहन अध्ययन करनेवाले थे 'एडविन हुबल' (Edwin Hubble) जिन्होंने अनेक मंदाकिनियों की दूरी तथा उनके पलायन वेग (Velocity of recession) में संबंध स्थापित किया, जो इस प्रकार है—

'जो मंदाकिनी जितनी दूर है वह उतनी ही तेजी से दूर जा रही है।'

इसे हुबल नियम (1929) कहते हैं जिसे हम इस तरह लिख सकते हैं—

$v = Hx$

जहाँ H = हुबल स्थिरांक है।

इस स्थिरांक का अत्यधिक महत्त्व है, क्योंकि यह उस दर को बताता है जिससे मंदाकिनियाँ हमसे दूर जा रही हैं या कि जिस गति से 'ब्रह्मांड का प्रसार' हो रहा है।

इसका मान लगभग 20 किलोमीटर प्रतिसेकेंड प्रति मिलियन प्रकाशवर्ष है। यानी

$$H = 15\text{-}30 \text{ Km/Sec/MLY}$$

इन मंदाकिनियों से भी परे हैं ताराकल्प, यानी 'क्वासर' (Quasar) जो सबसे तेजी से हमसे दूर भाग रहे हैं।

तीन प्रकार के मॉडलों का विवरण

(1) महाविस्फोट मॉडल सर्वाधिक लोकप्रिय है। इसके अनुसार, 10 से 20 बिलियन प्रकाशवर्ष पूर्व यह ब्रह्मांड बुरी तरह से विस्फोट कर गया जिसे महाविस्फोट कहते हैं। महाविस्फोट के पूर्व हमारे वर्तमान ब्रह्मांड का सारा 'पदार्थ' (Matter) तथा 'विकिरण' (Radiation) आदिम अग्नि के गोले में समाहित था और वह अत्यंत गरम सघन अवस्था में था। फलस्वरूप ब्रह्मांड तेजी से प्रसार कर गया। महाविस्फोट के साथ ही 'दिक्' (Space) तथा 'काल' (Time) का शुभारंभ हुआ।

इस तरह पदार्थ (प्रोटॉन तथा इलेक्ट्रॉन) एवं विकिरण तेजी से प्रसरित हुए और शीतल होने लगे। कई लाख वर्षों बाद यह मंदाकिनियों में संघनित हो गया। ब्रह्मांड तब से प्रसार करता आया है और ये मंदाकिनियाँ तभी से एक-दूसरे से दूर पलायन करती रही हैं।

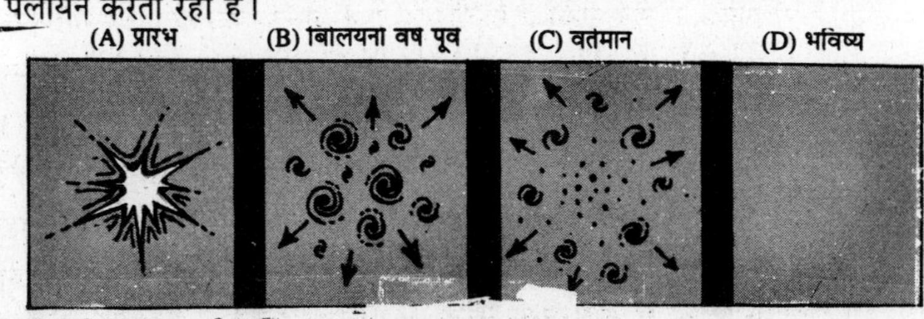

महाविस्फोट मॉडल

आज भी ब्रह्मांड का प्रसार हो रहा है—यह 'ब्रह्मांड प्रसरणशील' है। आज भी मंदाकिनियों के अंतर्गत तारे निर्मित हो रहे हैं। ये महाविस्फोट से निकली प्रारंभिक

हाइड्रोजन गैस का उपयोग कर रहे हैं। स्वाभाविक है कि भविष्य में यह प्रारंभिक (आदि) हाइड्रोजन तारों का निर्माण करते-करते चुक जाएगी और तब वह ब्रह्मांड जो महाविस्फोट के साथ प्रारंभ हुआ था अंधकारमय बन जाएगा, यानी श्याम ब्रह्मांड प्रतिफलित होगा जो नितांत शीतल या ठंडा होगा।

(2) स्थायी दशा मॉडल के अनुसार, ब्रह्मांड समय के साथ न तो विकसित होता है, न ही बदलता है, इसका न कोई आदि है, न कोई अंत। यह ब्रह्मांड भूत, वर्तमान तथा भविष्य में जैसे का तैसा बना रहेगा।

यह मॉडल पूर्ण ब्रह्मांडीय सिद्धांत का पालन करता है, जो कहता है कि ब्रह्मांड सर्वत्र तथा सदा वही रहेगा। इस तरह पदार्थ का घनत्व सदैव यही बना रहेगा।

इसके अनुसार, नवीन हाइड्रोजन इस गति से निरंतर उत्पन्न होती रहेगी कि पलायन कर रही मंदाकिनियों के साथ जो पदार्थ चला जाता है उसकी आपूर्ति होती रहेगी। यह मॉडल बहुतेरे खगोलविदों को इसलिए पसंद है, क्योंकि यह इस दार्शनिक पक्ष को प्रस्तुत करता है कि ब्रह्मांड सदैव विद्यमान था और भविष्य में भी विद्यमान रहेगा। किंतु शायद यही इस मॉडल का सबसे बड़ा दोष है; क्योंकि यह ऊर्जा संरक्षण नियम का विरोध करता है—इसमें यह नहीं बतलाया गया कि नई हाइड्रोजन कहाँ से आएगी। ऊर्जा का न तो सृजन किया जा सकता है न विनाश। हाँ, इसका रूपांतरण हो सकता है।

(3) स्पंदमान मॉडल का कथन है कि हमारे ब्रह्मांड की शुरुआत महाविस्फोट के साथ हुई तो है, किंतु यह सदैव प्रसार नहीं करता रहेगा। गुरुत्व के कारण यह प्रसार रुक जाएगा।

इसके अनुसार, ब्रह्मांड सदैव स्पंदमान रहता है यानी बाहर की ओर प्रसार करता रहता है और फिर से भीतर की ओर संकोच करता है। भविष्य में भी इसी तरह स्पंदित होता रहेगा। संप्रति प्रसार अवस्था है जो विगत 10-20 बिलियन प्रकाशवर्षों से चल रही है। भविष्य में यह ब्रह्मांड का प्रसरण मंद पड़ता जाएगा और जब प्रसरण पूरी तरह रुक जाएगा तब इसका संकुचन होगा। संकुचन के साथ ही सारी मंदाकिनियाँ भहरा पड़ेंगी और सारा पदार्थ पुनः उसीमें संघट्टित हो जाएगा। तब पुनः महाविस्फोट होगा और उसी पदार्थ से नूतन प्रसरणशील ब्रह्मांड उत्पन्न होगा। यह ब्रह्मांड सतत दोलायमान होता रहेगा।

इस तरह प्रथम तथा तृतीय मॉडल विकासीय मॉडल (Evolutionary Models) कहे जाते हैं—जिनके अनुसार ब्रह्मांड में परिवर्तन अवश्यंभावी है। इनमें से प्रथम

विवृत प्रणाली (खुला) है तो तीसरा संवृत (बंद) प्रणाली।

हुबल स्थिरांक की भूमिका

यदि मंदाकिनियों की पलायन गति मंद पड़ रही है तो वर्तमान में हुबल स्थिरांक का जो मान है, उसे लाखों वर्ष पूर्व की अपेक्षा कम होना चाहिए। दोलायमान (स्पंदनशील) मॉडल में इस स्थिरांक का मान तेजी से घटेगा, अपेक्षा महाविस्फोट मॉडल के; जबकि स्थायी दशा में यह मॉडल अपरिवर्तित रहेगा। एलान सैंडेज ने माउंट पैलोमर वेधशाला में कार्य करते हुए पाया है कि हुबल स्थिरांक घट रहा है— जिसका अर्थ है कि ब्रह्मांड का प्रसरण मंद पड़ रहा है। इसलिए हुबल स्थिरांक का महत्त्व बहुत बढ़ जाता है, जब हमें ब्रह्मांड के आकार तथा आयु का ज्ञान प्राप्त करना होता है।

ब्रह्मांड की आयु

ब्रह्मांड की कोई आयु नहीं बताई जाती, वह अजन्मा है। फिर भी—

(1) बाइबिल में ब्रह्मांड की आयु छह हजार वर्ष बताई गई है और फारसी लोककथा के अनुसार बारह हजार वर्ष एवं बेबीलोन के ज्योतिषी ने बीस लाख वर्ष बताई है। हाल ही में शिकागो विश्वविद्यालय के डेविड एन. श्रैम (David N. Schramm) ने ब्रह्मांड की आयु बीस बिलियन प्रकाशवर्ष बताई है। इसका आधार रेनियम-187 के प्रयोग द्वारा अपनाई गई रेडियो-सक्रिय तिथि अंकन विधि है।

(2) किंतु ब्रह्मांड की आयु की परिमाप बताने में हुबल स्थिरांक का मान महत्त्वपूर्ण है। हुबल काल = 1/H जो कि यह महाविस्फोट के समय से लेकर आज तक ब्रह्मांड की आयु है, इसके अनुसार (क्योंकि इसका मान ज्ञात कर पाना अति कठिन है) ब्रह्मांड की आयु दस से बीस बिलियन प्रकाशवर्ष है।

(3) सबसे प्राचीन तारे की आयु से ब्रह्मांड की आयु नौ से अठारह बिलियन वर्ष निकलती है।

ब्रह्मांड की त्रिज्या

ब्रह्मांड की त्रिज्या हुबल दूरी (Hubble distance) के मान पर निर्भर करेगी।

यह हुबल दूरी दृश्य ब्रह्मांड की ओर तक की दूरी है और 'χ' के तुल्य है। यानी प्रकाश के वेग में हुबल स्थिरांक का भाग देने से जो मान प्राप्त होता है वही ब्रह्मांड की त्रिज्या है। इसका मान बारह से अठारह बिलियन प्रकाशवर्ष आता है।

इस तरह हमारा ब्रह्मांड ऐसे वृत्त के रूप में है जिसका व्यास 24-32 बिलियन प्रकाशवर्ष है—कितना विशाल, अंडा—ब्रह्मांड है यह! और कितना जटिल है यह ब्रह्मांडिकीय विज्ञान या अंतरिक्ष ब्रह्मांड। ब्रह्मा के लिए इतना विस्तृत ब्रह्मांड करना कोई खेल नहीं।

यह असीम विश्व कैसे उत्पन्न हुआ? सर्वत्र शून्य-ही-शून्य

पहले ब्रह्मांड में नीहारिकाओं या आकाश गंगा जैसा कुछ नहीं था। उस समय सर्वत्र शून्य था। उस शून्यता में एक हलका पतला द्रव्य था। किसी अनजाने कारण से उसमें कंपन हुआ और द्रव्य के कण एक-दूसरे कणों से मिलकर बड़े होते गए। बड़े पिंड आकर्षण बल से शून्य के द्रव्य को अपनी ओर खींचकर अपना आकार बढ़ाने लगे। इस तरह शून्य में प्रचंड गैस-बादल उत्पन्न हो गए। ये गैस-बादल अपनी-अपनी धुरी पर घूमने लगे। उसीसे ये नीहारिकाएँ बनीं—इस प्रकार द्रव्य संचय हुआ और शेष शून्य तो शून्य ही रहा आया।

यूनानी विश्वास है कि बहुत समय पूर्व अटूट अंधकार था। इससे दो संतानें उत्पन्न हुईं—रात तथा मृत्यु। इन दोनों ने मिलकर प्रेम को जन्म दिया। प्रेम से प्रकाश और प्रकाश से दिन उत्पन्न हुआ। फिर पृथ्वी बनी तब आकाश पिता तथा पृथ्वी माता के अनेक संतानें हुईं, जिनमें मनुष्य भी था।

भारतीय पुराणों के अनुसार पहले न पृथ्वी थी, न आकाश, न सूर्य, न चंद्र, न तारे। केवल परमात्मा का अस्तित्व था—जो शक्ति के रूप में था, रूपविहीन। तब उनकी इच्छा हुई कि सृजन हो। (एकोऽहम् बहुस्याम) फलतः उसकी शक्ति काम करने लगी। उसकी माया तीन गुणों में अवतरित हुई, फिर अहंकार का जन्म हुआ। तामस से आकाश, आकाश से वायु, वायु से अग्नि, अग्नि से जल और जल से पृथ्वी उत्पन्न हुई।

इस तरह कुछ नहीं से पंच तत्त्वों का निर्माण हुआ।

ईसाई मत के अनुसार छह दिनों में सारी सृष्टि हुई। पहले दिन परमेश्वर ने स्वर्ग, पृथ्वी, जल, प्रकाश और अंधकार को बनाया, दूसरे दिन आकाश और पानी का विभाजन किया, तीसरे दिन पृथ्वी पर जल और स्थल भाग अलग हो गए, चौथे दिन सूर्य तथा चंद्रमा बने, पाँचवें दिन अनेक प्रकार के पशु बने और छठे दिन मनुष्य बना।

सातवें दिन परमेश्वर विश्राम करने लगा।

मानव ब्रह्मांड के जन्म और विकास का परिणाम है या कारण?

उत्तर होगा मानव इसका परिणाम है। ब्रह्मांड का जन्म आज से लगभग 10-20 बिलियन प्रकाशवर्ष पूर्व हुआ, किंतु मानव को वर्तमान स्वरूप में जन्मे अधिक-से-अधिक दस लाख वर्ष हुए होंगे। यह अवधि 10-20 बिलियन की तुलना में नगण्य है। समय माप के अनुसार ब्रह्मांड की तुलना में मानव का जन्म मानो आज ही हुआ है। तो फिर आज की घटना बीस बिलियन वर्ष पूर्व की घटना का कारण कैसे बन सकती है?

यह ब्रह्मांड रिक्त नहीं

यद्यपि हमने ब्रह्मांड को 'शून्य' कहा है किंतु इसमें इतने ग्रह, उपग्रह, तारक भरे हैं कि ब्रह्मांड को रिक्त कैसे कहा जा सकता है।

ब्रह्मांड जैसा आज है वैसा क्यों है?

ब्रह्मांड के आदि अवयव में, जिनमें परस्पर सूचना का आदान-प्रदान भी नहीं हो रहा था, जो एक-दूसरे से नितांत असंपृक्त थे, किसी कारणवश (Casuality) नहीं बँधे थे। उन अवयवों के व्यवहार में परस्पर पग-पग पर सहयोग के बिना ब्रह्मांड कुछ-का-कुछ हो सकता था। आदि अवस्था में तनिक-सा भी विचलन बाद में बड़े भारी परिवर्तनों को जन्म देता।

उदाहरणार्थ, यदि ब्रह्मांड में तनिक भी हलचल रही होती तो 'कास्मिक बैकग्राउंड विकिरण' का तापमान हजारों गुणा भिन्न हो सकता था। किंतु इस विकिरण का तापमान इतना न्यून (3^0 सेंटीग्रेड परमताप) होना इस बात का पर्याप्त प्रमाण है कि ब्रह्मांड का आदि स्वरूप अत्यंत जटिल था, परंतु साथ ही अत्यंत शांत, हलचलरहित रहा होगा।

यदि यह ताप 100^0 सेंटीग्रेड से अधिक होता है तो ब्रह्मांड में जल द्रव अवस्था में न रहा होता और तब जीवन का विकास न हो पाता। आदि विस्फोट से आज तक ब्रह्मांड के विकसित होने के लिए कई विकल्प थे, पर इन विकल्पों में से वर्तमान ब्रह्मांड बना। उसमें इसका प्रसार अत्यंत सहज ढंग से हो रहा है।

हमारा अस्तित्व अनेक ऐसी घटनाओं का सुखद और सुंदर परिणाम है जिनके घटने की प्रायिकता (Probability) नगण्य होते हुए भी घटना घटित हुई। इन अद्भुत

संयोगों से हम अवाक् रह जाते हैं। अत: यह कहा जा सकता है कि ब्रह्मांड का वर्तमान स्वरूप इसलिए ऐसा है जिससे मानव का जन्म हो पाता। यह सृष्टि मानव के लिए बनी है। शुरू से आज तक घटित प्रत्येक घटना सोद्देश्य थी, पूर्वनिर्धारित थी।

किंतु ऐसा दैववाद सभी को ग्राह्य नहीं हो सकता।

ईथर (Ether) जैसी कोई वस्तु नहीं, किंतु वह सर्वव्यापी है

आधुनिक भौतिकी समस्त विश्व को एक या अधिक ईथरों से संबद्ध करती है। चूँकि बिना किसी माध्यम के तरंगों की कल्पना करना दुरूह है अत: यह कल्पना की गई कि तरंगें 'ईथर' में चलती हैं। इसे कल्पना इसलिए कहा जा रहा है, क्योंकि ईथर जैसा कोई पदार्थ है नहीं—अज्ञात पदार्थ को ही वास्तविकता का नाम प्रदान किया गया।

विज्ञान में ईथर की कल्पना लगभग ढाई सौ वर्ष पूर्व की गई थी। जब स्थूल पदार्थ के ज्ञात गुणों के आधार पर किसी घटना की व्याख्या करना असंभव हो गया तो वैज्ञानिकों ने एक ऐसे 'कल्पित सर्वव्यापी ईथर' की सृष्टि करके इस कठिनाई को हल कर लिया, जिसमें उन्होंने ठीक उन्हीं गुणों का आरोप किया जिनसे अपेक्षित व्याख्या हो सकती थी। डेकॉर्ड ने कहा कि 'पदार्थों का एक-दूसरे से दूर होना मात्र ही उन दोनों के बीच एक माध्यम के अस्तित्व का प्रमाण है।' मैक्सवेल ने कहा, 'ईथर की कल्पना इसलिए हुई थी कि ग्रह उसमें तैर सकें, विद्युतीय वातावरण और चुंबकीय प्रवहन का निर्माण हो सके, हमारे शरीर के इंद्रिय ज्ञान एक भाग से दूसरे भाग तक पहुँच सकें और इसी प्रकार अंत में सारा अंतरिक्ष हर बार ईथर से भर जाए।' इस तरह भौतिकी की जितनी समस्याएँ आगे आएँगी उतने ही ईथर होंगे।

सौ वर्ष पहले एक ही ईथर था—प्रकाशवाही ईथर जिसमें विकिरण प्रेषित हो सके।

ईथर का स्वरूप

यह ईथर सांद्र द्रव का समुद्र था, जिसमें तरंगें उसी तरह चल सकती थीं जैसे कोई स्पंदन या कोई तरंग एक सांद्र द्रव में चल सकती थी। ये तरंगें ऐसी विकिरण थीं जो प्रकाश, उष्मा, अवरक्त या अंतरिक्ष विकिरण में से कोई भी हो सकती थीं।

थॉमस यंग ने उपमा दी 'ईथर अंतरावकाश में उसी प्रकार चलता है जिस

प्रकार वृक्ष-वाटिका में से चलनेवाली हवा।'

ईथर में पृथ्वी किस तरह गति करती है?

जून 1905 में आइंस्टाइन ने कहा, 'प्रकृति ऐसी है कि किसी भी प्रयोग से विशुद्ध निरपेक्ष गति का मापना असंभव है।' अत: ईथर के अस्तित्व के बिना अंतरिक्ष में निरपेक्ष वेग ज्ञात करना असंभव होगा।

किंतु जो ईथर विद्युत् की क्रियाओं का प्रेषण करता है वह गुरुत्वाकर्षण की क्रिया को प्रेषित नहीं कर सकता। इस कमी को पूरा करने में 'आपेक्षिकता सिद्धांत' सहायक हुआ। इस तरह यांत्रिक ईथर का स्थान आपेक्षिकता सिद्धांत (Theory of relativity) ने ले लिया।

फलत: आकाश के बारे में यह धारणा बनी कि वह हमें चारों ओर से घेरे है और काल ऐसी वस्तु है जो हमारे पास और हमारे अंदर से होकर जा रही है। हम चाहें तो आकाश में पीछे लौट सकते हैं, किंतु समय पीछे नहीं लौट सकता। इस तरह दिक् तथा काल पृथक्-पृथक् लगते हैं, किंतु मिंकोवस्की ने दिखाया कि आपेक्षिकता सिद्धांत के अनुसार, सब विद्युतीय घटनाएँ दिक् और काल में अलग-अलग प्रकट नहीं होतीं, अपितु संयुक्त दिक्-काल में होती हैं।

अंतरिक्ष की विमाएँ तीन या चार?

प्रकृति के अनुसार अंतरिक्ष तीन विमाओंवाला है, जिनमें भेद करना असंभव है। किंतु चौथी विमा 'समय' है और आपेक्षिकता सिद्धांत समझने के लिए चार विमाओंवाले अंतरिक्ष की कल्पना करनी पड़ती है।

चार विमाओंवाले आयतन की ऐसी कल्पना को 'सांतत्यक' (Continuum) कहा जा सकता है। इस तरह विद्युत् चुंबकीय घटनाएँ सांतत्यक में घटती हैं। चाहें तो ईथर को अब चार विमाओंवाला सांतत्यक कह सकते हैं। इस तरह इसमें अंतरिक्ष तथा समय व्याप्त हैं। सर ऑर्थर एडिंगटन ने ठीक ही कहा था कि बड़े भौतिकीविदों में से आधे तो ईथर के अस्तित्व को मानते हैं और आधे उसके अस्तित्व को नहीं मानते।

दिक् तथा काल की एक ही इकाई

इस तरह ईथर को अमूर्त मानना सर्वाधिक सुविधाजनक होगा। काल तथा दिक् का मापन एक ही इकाई से करना उचित होगा। प्रकाश एक सेकेंड में

1,86,000 मील चलता है। इसे एक मात्रक माना गया। समय को सेकेंड के बजाए ✓-1 से प्रदर्शित किया गया।

सांतत्यक में सूर्य प्रकाश जितनी देर में पृथ्वी पर आता है, वह दूरी 1,25,00,000 मील एक मात्रक होगा। इस तरह हमारा विश्व बुलबुले का आंतरिक भाग नहीं, बल्कि उसका बाहरी तल है। साबुन के बुलबुले में दो विमाएँ हैं, किंतु विश्वरूपी बुलबुला चार विमाओंवाला है।

क्या हम ब्रह्मांड के मध्य में स्थित हैं?

हम प्रसरणशील मंदाकिनी में रह रहे हैं और देख रहे हैं कि चारों ओर मंदाकिनियाँ बिखरी हुई हैं। हम इस भ्रम में हो सकते हैं कि हम प्रसरण के केंद्र में हैं और हम ब्रह्मांड के ऐसे स्थिर बिंदु में हैं जहाँ से अन्य तारक जगत् से दूर भाग रहे हैं। किंतु प्रायिकता के सिद्धांत से यह विचार मेल नहीं खाता। क्यों?

यह हमारा भ्रम है कि हम केंद्र में हैं। उदाहरणार्थ, यदि हम मोटरकार के एक गतिशील काफिले में किसी बीच की मोटरकार में सवार हों तो हमें लगेगा कि हम केंद्र में हैं। भले ही आगे की मोटरकारें कितना आगे क्यों न हों और पीछे की कितनी पीछे क्यों न छूट रही हों। यही बात मंदाकिनी के अभिरक्त विस्थापन (Red Shift) की है। यह हमारे तथा अन्य मंदाकिनियों के बीच बढ़ती दूरी को बताता है; किंतु इसका अर्थ यह नहीं है कि हम केंद्र में हैं। यदि हम किसी अन्य मंदाकिनी में जाएँ तब भी ऐसा ही लगेगा।

□

अध्याय 2

अंतरिक्ष की गहराइयों में

कुछ विचार

‘हम अब भी अपनी ही गुहा में बंद पड़े हैं। हमारी पीठ प्रकाश की ओर है और हम केवल दीवारों पर पड़नेवाली प्रतिच्छाया को ही देख सकते हैं।’

—प्लेटो

‘प्रकृति की महान् पुस्तक गणितीय भाषा में ही लिखी गई है।’

—गैलीलियो

‘गणितज्ञ को छोड़कर अन्य कोई भी व्यक्ति विश्व के मूल स्वरूप की गुत्थी को नहीं सुलझा सकता। वास्तव में समस्त विश्व की तुलना में हमारी पृथ्वी इतनी लघु है और समस्त अंतरिक्ष में चिंतन शक्तिवाले एकमात्र प्राणी अर्थात् हम मानव विश्व की मुख्य योजना से इतनी दूर और प्रत्यक्ष रूप से इतने दैवयौगिक मालूम पड़ते हैं कि बिना प्रत्यक्ष अनुभव के भी यही संभाव्य लगता है कि संपूर्ण विश्व का जो भी अर्थ हो वह हमारे पार्थिव अनुभवों से बिलकुल परे होगा और इस प्रकार वह हमारे लिए पूर्णतः अग्राह्य होगा। ऐसी स्थिति में विश्व के वास्तविक स्वरूप की खोज में निकलने का कोई आधार ही नहीं रहेगा।’

—जेम्स जींस

‘प्रकृति गणित के उन नियमों से खूब परिचित है जो हमारे गणितज्ञों ने अपने अध्ययनों के दौरान अपनी आंतरिक चेतना के सहारे बनाए हैं। इसमें उन्होंने बाह्य जगत् के अनुभवों का बहुत कम सहारा लिया है।···यह विश्व किसी विशुद्ध गणितज्ञ द्वारा प्रकल्पित है।’

—जेम्स जींस

'गणितज्ञ प्रकृति को केवल गणितीय उपनेत्रों से ही देखता है जिनको उसने स्वयं ही बनाया है।'

—जेम्स जींस

'जिस प्रकार नीले रंग का चश्मा पहने हुए एक आदमी केवल नीला संसार ही देख सकता है उसी प्रकार अपने मानसिक झुकाव के कारण हम केवल गणितीय संसार ही देख सकते हैं।'

—कांट

गणितीय ढाँचा अधिक उपयुक्त

मानव मन एक सदी पूर्व भी गुण और कार्य प्रणाली की दृष्टि से आज जैसा ही था। उसके वैज्ञानिक दृष्टिकोण में जो महान् परिवर्तन हुआ है वह विज्ञान की अपार प्रगति के कारण है, मानव मन में किसी परिवर्तन के कारण नहीं। हमने अपने से बाहर के वस्तु-जगत् में कुछ ऐसी बातें पाई हैं जो अब तक अज्ञात थीं। हमारे पूर्वज देवताओं को मानव रूप मानते थे और उन्होंने प्रकृति को अपनी ही बनाई हुई धारणाओं के आधार पर समझने की कोशिश की; किंतु वे विफल हुए। यही नहीं, प्रकृति की यांत्रिक व्याख्या करनेवाले हमारे पूर्वगामी निकट पूर्वज भी उतने ही विफल हुए। प्रकृति को मानव-निर्मित इन दोनों ढाँचों के अनुरूप नहीं बनाया जा सकता, जबकि विशुद्ध गणित की संकल्पनाओं के आधार पर प्रकृति को समझने के हमारे अब तक के प्रयास इसीलिए सफल सिद्ध हुए हैं। यह निर्विवाद-सा लगता है कि प्रकृति जीवविज्ञान या यांत्रिकी की अपेक्षा विशुद्ध गणित की संकल्पनाओं के अधिक निकट है। इसे यदि तीसरा मॉडल मान लें तो यह पहले दो मॉडलों की तुलना में अधिक उपयुक्त है।

डेढ़ सौ वर्ष पूर्व वैज्ञानिकों ने इस विश्व को यांत्रिकी रीति से समझने की कोशिशें कीं, तो किसी भी विवेकवान व्यक्ति को यह कहने का दुस्साहस नहीं हो सकता था कि यह यांत्रिक दृष्टिकोण गलत सिद्ध होगा। किंतु विश्व अब गणितात्मक मालूम होता है। एक तरह से यह कहा जा सकता है कि सबकुछ गणितीय ही है।

प्लेटो का विश्व

प्लुटार्क ने लिखा है—प्लेटो कहा करता था कि ईश्वर हमेशा रेखागणितीय विधान करता है। प्लेटो ने कहा था कि जो असीमित है, रेखागणित उसको सीमित कर देती है और उसने यह भी कहा था कि ईश्वर ने विश्व का निर्माण 'पाँच'

सुडौल पिंडों के आधार पर किया था। उसका विश्वास था कि भूमि, वायु, अग्नि और जल के कणों का आकार घन, अष्टफलकीय, चतुष्फलकीय और विसंगतिफलकीय होता है और यह विश्व 'द्वादशफलकीय आकार' का है। यही नहीं, सूर्य, चंद्रमा और ग्रहों की दूरियाँ दो अंक भेदों के अनुपात की होती हैं, जिसका अर्थ है उनके अनुसार पूर्ण संख्याओं का क्रम ऐसा था जिसमें 2 या 3 के 1, 2, 3, 4, 8, 9, 27 आदि घात हों।

यदि इन धारणाओं में से किसीमें कुछ भी सत्यता बची है तो वह पहली ही है अर्थात् आपेक्षिकता सिद्धांत की दृष्टि में विश्व इसलिए सीमित है कि वह रेखागणितीय है। चार मूल तत्त्वों और विश्व की पाँच समठोस वस्तुओं में किसी भी प्रकार के संबंध की आशा करना कोरी कल्पना है। चाँद और ग्रहों के बीच की वास्तविक दूरी का प्लेटो की संख्याओं से कोई संबंध नहीं है।

प्रकृति की गणितात्मकता

प्रकृति का आचरण हमारे आचरण की तरह नहीं बदलता। हमारे आचरण पर हमारी सनक और भावावेशों का प्रभाव पड़ता है। चाहे हमारे मन के नियमों का प्रभाव प्रकृति पर पड़ता हो या प्रकृति हमारे ऊपर अपने नियमों का प्रभाव डालती हो, दोनों ही स्थितियों में यही बात सही है और इससे हमें प्रकृति को गणितात्मक मानने के लिए पर्याप्त प्रमाण मिल जाता है। यह अस्वीकार किया जा चुका है कि इस विश्व की योजना किसी जीववैज्ञानिक या इंजीनियर ने तैयार की। अपनी सृष्टि के अंतर्निहित प्रमाणों से इस विश्व का महान् शिल्पी अब कोई विशुद्ध गणितज्ञ ही हो सकता है। इस विश्व को भौतिक रूप में व्यक्त नहीं किया जा सकता। जेम्स जींस के अनुसार—'विश्व केवल एक मानसिक संकल्पना रह गया है'।

द्रव्यात्मकता क्या है?

द्रव्यात्मकता एक शुद्ध मानसिक संकल्पना है जो हमारी स्पर्श इंद्रियों पर वस्तुओं के प्रभाव का माप है। उदाहरणार्थ, हम पत्थर या मोटरकार को तो द्रव्यात्मक कहते हैं, किंतु प्रतिध्वनि या इंद्रधनुष को नहीं।

स्वप्न में दिखाई देनेवाले अंतरिक्ष और दैनिक जीवन के अंतरिक्ष के बीच में भी ऐसा ही भेद समझना चाहिए। यही बात काल (समय) के संबंध में है।

विश्व को शुद्ध विचार मानने की धारणा से आधुनिक भौतिकी के अध्ययन में आनेवाली समस्याओं पर नया प्रकाश पड़ता है। अब यह ठीक से समझा जा सकता

है कि जिस ईथर के अंतर्गत विश्व की सभी घटनाएँ घटित होती हैं वह किस प्रकार एक गणितात्मक अमूर्तीकरण के रूप में परिणत हो सकता है। हम यह भी समझ सकते हैं कि विश्व की मूल वस्तु—ऊर्जा को एक गणितात्मक अमूर्तीकरण (अवकल समीकरण) के रूप में क्यों मानना पड़ा। गणितीय सूत्र कभी भी यह नहीं बता सकता कि कोई वस्तु क्या है। वह इतना ही बता सकता है कि वह वस्तु कैसा आचरण करती है।

जब प्रकाश के आचरण की यथार्थता को व्यक्त करनेवाला गणितीय सूत्र मिल चुका है तो हम अपनी मनोदशा और सुविधा के अनुसार प्रकाश को चाहे कण कहें या तरंग। और तरंग के रूप में मानने पर हम चाहे तो तरंगों को प्रेषित करनेवाले ईथर की कल्पना कर सकते हैं, किंतु यह ईथर प्रतिदिन बदलता रहेगा।

इसी तरह हम इस विश्व को दिक्-काल को व्यक्त करनेवाले साबुन के बुलबुले के रूप में देख सकते हैं।

यदि अंतरिक्ष ससीम है तो

पृथ्वी से विशुद्ध गणितज्ञ का संबंध भौतिक वस्तुओं से नहीं, बल्कि केवल विचार से है। उसकी रचनाएँ विचारों से निर्मित ही नहीं, बल्कि साक्षात् विचारमय हैं—उसी तरह जिस तरह शिल्पी की रचनाएँ यंत्रमय होती हैं। आज जो संकल्पनाएँ प्रकृति को समझने में सहायक सिद्ध हो रही हैं, वे हैं—ससीम अंतरिक्ष, रिक्त विश्व, चार, सात या अधिक विमाओंवाला अंतरिक्ष।

सदैव प्रसरणशील अंतरिक्ष

ये सारी संकल्पनाएँ शुद्ध विचार-प्रसूत हैं। इन्हें किसी भी ऐसे ढंग से प्रस्तुत नहीं किया जा सकता कि वे भौतिक दिखाई पड़ें।

आलोचकों का कहना है कि यदि अंतरिक्ष ससीम है तो इस ससीम अंतरिक्ष से बाहर जाना संभव होना चाहिए; लेकिन उसके बाहर भी हमें अंतरिक्ष-ही-अंतरिक्ष मिलेगा। इसके अतिरिक्त और होगा भी क्या? इससे यह स्पष्ट हो जाता है कि 'अंतरिक्ष ससीम नहीं हो सकता'।

आलोचक यह भी कहते हैं कि यदि अंतरिक्ष प्रसरणशील है तो वह अंतत: प्रसरित होकर अंतरिक्ष ही तो रहेगा। इससे भी यही सिद्ध होता है कि जो प्रसरण हो रहा है वह अंतरिक्ष का एक अंश मात्र ही है, इसलिए समस्त अंतरिक्ष का विस्तार संभव नहीं।

एंट्रापी की वृद्धि : प्रलय/मृत्यु

उष्मागतिकी से पता चलता है कि प्रकृति में सभी चीजें अपनी अंतिम अवस्था पर 'एंट्रापी की वृद्धि' द्वारा पहुँचती हैं। एंट्रापी सदैव वृद्धि करती रहती है और यह उस समय तक वृद्धि करती रहेगी, जब तक और आगे की वृद्धि असंभव न हो जाए। जब ऐसी अवस्था आ जाएगी तो आगे प्रगति असंभव हो जाएगी और 'विश्व का अंत हो जाएगा। अत: प्रकृति के लिए दो ही विकल्प हैं—प्रगति या मृत्यु। किंतु स्मरण रहे, एंट्रापी अभी वहाँ तक नहीं पहुँची। वह अब भी तेजी से बढ़ रही है, इसलिए वह अवश्य ही कभी-न-कभी शुरू हुई होगी। यह घटना बहुत पहले कभी हुई होनी चाहिए, जिसे हम सृष्टि कहते हैं; किंतु यह अनादि काल नहीं है।

चक्रवत् विश्व की संकल्पना : अनश्वर विश्व

किंतु वैज्ञानिक इसपर सहमत नहीं। वे यह तो मानते हैं कि ये तारे विकिरण के रूप में पिघलते जा रहे हैं, किंतु उनका कहना है कि कहीं सुदूर अंतरिक्ष की गहराइयों में यह विकिरण पुन: पदार्थ के रूप में संगृहीत हो रहा होगा। इसका अर्थ यह होता है कि शायद कहीं नए आकाश और नई पृथ्वी की सृष्टि हो रही हो—जो राख से नहीं अपितु विकिरण से बन रही हो। इस प्रकार वे विश्व की ऐसी संकल्पना प्रस्तुत करते हैं जिसे 'चक्रवत् विश्व' कहा जा सकता है।

किंतु यह चक्रवत् विश्व की संकल्पना उष्मा के दूसरे नियम के बिलकुल विपरीत है जिसके अनुसार, एंट्रापी को लगातार बढ़ते रहना चाहिए।

जिस तरह सतत गतिशील यंत्र का होना असंभव है, उसी तरह चक्रवत् विश्व भी असंभव है। अधिकांश लोगों को विश्व के नष्ट होने की कल्पना उतनी ही अप्रिय लगती है जितनी कि स्वयं अपनी मृत्यु की। विश्व को अनश्वर मानने का यह प्रयत्न मनुष्य को स्वयं अमरत्व प्राप्त करने के प्रयत्नों का भी एक भ्रांतिपूर्ण रूप है।

ऑगस्टीन का अनुमान सही लगता है कि 'समय और आकाश एक ही क्षण उत्पन्न हुए। यदि वे कभी विलीन होंगे तो एक साथ ही विलीन होंगे। समय की सृष्टि करते समय ईश्वर का मन और विचार ऐसा ही था'।

जेम्स जींस का यह तर्क संगत लगता है कि 'ज्ञान का प्रवाह ऐसी वास्तविकता की ओर अग्रसर हो रहा है जो यांत्रिक वास्तविकता से बिलकुल भिन्न है और यह विश्व विशाल यंत्र की अपेक्षा एक महान् विचार की तरह दिखाई देने लगा है'।

गीता में 'यंत्रारूढानि मायया' जैसे विचार की पुष्टि नहीं हो सकती।

हमारे ऋषियों ने इसीलिए काल को मृत्यु भी कहा है।

विश्व का स्वरूप : केवल तरंगों से निर्मित

गैलीलियो और न्यूटन के काल में सारे विश्व को एक यंत्र के रूप में मानने की प्रवृत्ति शुरू हुई और उन्नीसवीं सदी के अंत तक अपनी चरम पर पहुँच गई। हेल्महोल्ट्ज ने घोषणा की, 'सारे प्रकृति विज्ञान का अंतिम लक्ष्य यंत्र विज्ञान के रूप में ही परिणत होना है'।

इसका कारण यह था कि उस काल के वैज्ञानिक अधिकांशतया 'इंजीनियर' थे और वे समस्त प्रकृति का 'यांत्रिक मॉडल' तैयार करना चाहते थे। गैसों के गुण भी यंत्रवत बताए गए। प्रकाश और गुरुत्वाकर्षण के लिए भी ऐसी ही व्याख्या की कोशिश हुई, किंतु सफलता नहीं मिली। तब भी विश्व की एक विशुद्ध यांत्रिक व्याख्या पर विश्वास अटल रहा। किंतु इसके विपरीत आदर्शवादी दृष्टिकोणवाले संसार को केवल विचारों की सृष्टि के रूप में देखने और विचारों से निर्मित मानने का प्रयत्न कर रहे थे। किंतु वैज्ञानिक दृष्टिकोण में नैतिकता के लिए गुंजाइश न थी।

उन्नीसवीं सदी के अंत तक यह सिद्ध हो गया कि विकिरण और गुरुत्वाकर्षण की विशुद्ध यांत्रिक व्याख्या संभव नहीं है। प्लैंक द्वारा प्रस्तुत विकिरण की व्याख्या न केवल अयांत्रिक थी, बल्कि उसका संबंध किसी भी यांत्रिक विचार पद्धति से जोड़ना असंभव था। यही आगे चलकर 'क्वांटम पद्धति' के नाम से विख्यात हुई। यहीं से विज्ञान में यांत्रिक युग का अंत और नए युग का सूत्रपात हुआ।

पुराने विज्ञान ने घोषणा की थी कि प्रकृति कार्य और कारण की अविच्छिन्न शृंखला का पालन करती है। नए विज्ञान में 'आपेक्षिक प्रायिकताओं' (Probabilities) पर बल था। यह निश्चयपूर्वक नहीं कहा जा सकता था कि एक स्थिति के बाद कौन स्थिति आएगी। आज विज्ञान इस प्रायिकता की उपेक्षा नहीं कर सकता।

अब पदार्थ और विकिरण दोनों तरंगों के रूप में प्रस्तुत होते हैं। अत: हम एक ऐसे जगत् में रह रहे हैं जो केवल तरंगों से बना है।

विश्व के मूल संघटक परमाणु यानी परमाणुओं का विश्व

जब तक परमाणुओं को स्थायी और अनश्वर माना जाता रहा तब तक उनको विश्व के मूल संघटक अंगों के रूप में मानना स्वाभाविक था यानी यह 'विश्व परमाणुओं का ही विश्व' था। विकिरण को गौण स्थान प्राप्त था। किंतु जब यह मान

लिया गया कि परमाणु का निर्माण विद्युत् कणों (इलेक्ट्रॉन तथा प्रोटॉन) से हुआ है तो परिस्थिति बदलने लगी।

फैरेडे तथा मैक्सवेल ने विद्युत् कण को एक ऑक्टोपस (Octopas) जैसी रचनावाला बतलाया, जिसके क्षुद्र तथा ठोस पिंड से सारे अंतरिक्ष में टैंटेकिल्स (संस्पर्शक) या फीलर्स जैसी बल रेखाएँ निकलती हैं।

जब किसी परमाणु से विकिरण निकलता था तो ऐसा लगता था जैसे वह अपने कुछ संस्पर्शक अंतरिक्ष में उसी तरह विसर्जित कर देता हो जिस तरह सेही (एक पशु) अपने काँटे गिरा देता है। इस तरह पदार्थ और विकिरण पहले की अपेक्षा अधिक निकट संबंधित हो गए।

आइंस्टाइन के सिद्धांत के अनुसार विकिरण में द्रव्यमान होना चाहिए, क्योंकि विकिरण ऊर्जा का ही रूप है। जब किसी परमाणु से विकिरण निकलता है तो उसके द्रव्यमान में जो कमी आएगी वह उत्सर्जित विकिरण के द्रव्यमान के तुल्य होगी। आइंस्टाइन ने 1905 में यह सिद्धांत दिया था कि गतिज ऊर्जा ही नहीं, बल्कि 'हर प्रकार की ऊर्जा का अपना द्रव्यमान होता है'। कठिन शारीरिक परिश्रम करनेवाले मनुष्य की व्यय होनेवाली ऊर्जा का भार केवल 1/60,000 औंस होगा—यानी ऊर्जा का द्रव्यमान नगण्य होगा।

मैक्सवेल ने 1873 में सिद्ध किया था कि जब विकिरण किसी तल पर पड़ता है तो उसपर दबाव डालता है। इस तरह विकिरण का द्रव्यमान स्वयंसिद्ध है। प्रकाश की एक किरणावली प्रकाश के वेग (1,86,000 मील/सेकेंड) के वेग से चलनेवाले एक द्रव्यमान के रूप में है।

पृथ्वी पर प्रकाश का दबाव बहुत ही कम होता है; किंतु तारों के भीतर विकिरण का यह दबाव इतना अधिक है कि तारे का अधिकांश भार उसीके कारण है। गणना करने पर पता चला है कि पृथ्वी या अन्य पिंडों के प्रति वर्ग मील पर सूर्य से प्रतिमिनट एक औंस के लगभग एक हजारवें भाग के बराबर सूर्य प्रकाश पड़ता है। यह प्रकाश के वेग से चलता है और पृथ्वी पर विरामावस्था प्राप्त करने तक लगभग 0.000,000,000,04 वायुमंडल दबाव डालता है। वैसे तो परिमाण में यह अत्यल्प है, किंतु एक वर्गमील का क्षेत्र खगोलीय अंतरिक्ष की दृष्टि से बहुत सूक्ष्म है।

सूर्य से निकलनेवाले विकिरण का भार पच्चीस करोड़ टन/मिनट

सूर्य से प्रतिमिनट लगभग पच्चीस करोड़ टन भार का विकिरण निकलता है। इसका अर्थ यह हुआ कि सूर्य तभी अपना भार बनाए रख सकता है जब प्रतिमिनट पच्चीस करोड़ टन पदार्थ सूर्य के अंदर पहुँचे। यदि यह मान लिया जाए कि उल्कापिंडों से (शैप्ले के अनुमान के अनुसार) सूर्य के अंदर पहुँचनेवाला पदार्थ प्रतिसेकेंड दो हजार टन से अधिक नहीं हो सकता, जो विकिरण द्वारा नष्ट होनेवाले भार का 1/2000 होगा। इस तरह हमारी आँखों के सामने सूर्य निरंतर क्षीण होता जा रहा है। इसकी पुष्टि खगोल विज्ञान के तथ्यों से मेल खाती है; क्योंकि नए तारे पुराने तारों की अपेक्षा अधिक भारी होते हैं—कभी-कभी दस से सौ गुना तक। सूर्य इतना भार प्रतिमिनट खोकर भी लाखों-करोड़ों वर्षों में क्षय होगा। तारों की आयु लाखों-करोड़ों वर्ष मानी जा सकती है।

अंतरिक्ष की वक्रता पदार्थ के कारण

आइंस्टाइन के आपेक्षिकता के सिद्धांत के अनुसार अंतरिक्ष में स्वयं वक्रता है। यह वक्रता वैसी ही है जैसी पृथ्वी के तल की है। सूर्य ग्रहण के अवसर पर दिखाई देनेवाली किरणों की वक्रता का और ग्रहों तथा धूमकेतुओं के पथों की वक्रता का भी यही कारण है—अंतरिक्ष की वक्रता भी पदार्थ की उपस्थिति के कारण है। इसका अर्थ यह हुआ कि 'पदार्थविहीन यानी रिक्त अंतरिक्ष बिलकुल ऋजु या सीधा होगा' इसलिए वह असीम होगा। किंतु यह विश्व रिक्त नहीं। इसका आकार इसमें विद्यमान पदार्थ की मात्रा पर निर्भर करेगा। विश्व में जितना अधिक पदार्थ होगा वह उतना ही वक्र होगा—तेजी से वक्र होनेवाला वृत्त धीरे-धीरे वृत्त से छोटा बन जाता है।

बुलबुले जैसा विश्व

यह विश्व साबुन के बुलबुले के समान है। जिस तरह बुलबुले का आकार उसके आवेश की मात्रा पर निर्भर करता है उसी प्रकार विश्व का आकार उसके पदार्थ की मात्रा पर निर्भर रहता है। लेकिन बुलबुला इस अर्थ में थोड़ा भिन्न है कि आवेशरहित होने पर वह वक्र बना रहता है, जबकि पदार्थविहीन रिक्त विश्व असीम आकार का हो जाता है। विद्युत् आवेश बढ़ाने पर बुलबुले का आकार बढ़ता रहता है, किंतु विश्व में अधिक पदार्थ होने पर और आगे पदार्थ भरने की गुंजाइश

नहीं रहती।

तो भी आइंस्टाइन ने विश्व को बुलबुले के समान माना है। उसके अनुसार विश्व में पदार्थ से उत्पन्न वक्रता के साथ-साथ एक सहज वक्रता भी होती है, जिसके कारण पदार्थ के परिमाण के बढ़ने के साथ उसका आकार बढ़ जाता है।

इस तरह यदि इस विश्व का निर्माण आपेक्षिकता के सिद्धांत के अनुसार हुआ है तो उसके अंदर विद्यमान सभी पदार्थ या तो एक-दूसरे से दूर भाग रहे होंगे या एक-दूसरे के निकट आ रहे होंगे। इसकी पुष्टि सुदूर नीहारिकाओं से होती है, जो भूमि से दूर भाग रही हैं—900-4500 मील प्रतिसेकेंड के वेग से। सुदूर नीहारिकाएँ हमसे दूर जा रही हैं इसका प्रमाण यही है कि उनसे मिलनेवाला प्रकाश अधिक लाल दिखाई देता है। निकटतम नीहारिकाएँ जो हमारी ओर आ रही हैं, उनका प्रकाश नीला होता है।

□

अध्याय 3

तारे

तारे

आकाश के वे पिंड जो चमकदार बिंदु जैसे दिखते हैं—तारे हैं। आकाश में दिखाई पड़नेवाले असंख्य पिंड तारे हैं। सूर्य एक तारा ही है—चौंकें नहीं।

तारे और ग्रह में अंतर

किसी निश्चित पथ पर गति करते हुए किसी स्थिर तारे की परिक्रमा करनेवाले आकाशीय पिंड को 'ग्रह' कहते हैं। पृथ्वी सूर्य का ग्रह है और सूर्य एक 'तारा' है।

कितने तारे दिखते हैं

आँखों से लगभग चार हजार तारे दिखते हैं। छोटी दूरबीन से लाखों और पाँच सौ सेटीमीटर दूरबीन से 20 अरब तारों के चित्र लिये जा सके हैं। क्या यदि दूरबीन का व्यास बढ़ा दिया जाए तो तारों की संख्या बढ़ती जाएगी ?

इसका उत्तर जटिल है, क्योंकि अंतरिक्ष समान रूप से तारों से पूरित नहीं है। ब्रह्मांड में तारों के गुच्छ पाए जाते हैं।

वस्तुतः जितने भी तारे दिखते हैं या जिनके फोटो खींचे जा सकते हैं, वे हमारी मंदाकिनी—आकाश गंगा के हैं। मंदाकिनी का विस्तार अति विशाल है। फिर अन्य मंदाकिनियाँ भी तो हैं। इस तरह कुल तारे दस मिलियन मिलियन मिलियन होंगे।

तारों के गुण

जो गुण सूर्य के हैं वे ही सारे तारों के हैं। ये हैं—

उच्च ताप, बदलती सतह, गैसीय स्पेक्ट्रम।

कितनी दूर हैं तारे

तारों भरे जिस आकाश की ओर हम देखते हैं वह हमसे बहुत-बहुत दूर है। बचपन में यह सोचकर लगता था कि कश्मीर भी तो कन्याकुमारी से दूर है। लेकिन अंतरिक्ष में नापी जानेवाली दूरियों के आगे यह दूरी कुछ भी नहीं। चूँकि अंतरिक्ष की दूरियाँ इतनी विशाल हैं, अतः खगोलशास्त्री (Astronomers) इन दूरियों को नापने के लिए विभिन्न मात्रकों (Units) का प्रयोग करते हैं। हमारे सौरमंडल (Solar system) जिसमें नौ ग्रह (व उनके उपग्रह) तथा सूर्य हैं उसमें दूरियों के मात्रक को

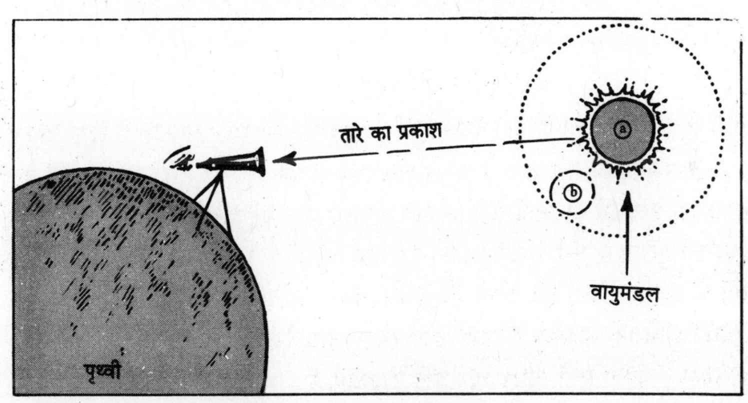

तारे का प्रकाश पृथ्वी तक

खगोलीय मात्रक (Astronomical Unit, AU) कहते हैं। पृथ्वी से सूर्य की दूरी एक खगोलीय मात्रक के बराबर है। यह दूरी कितने किलोमीटर के बराबर है? $1AU=1.49\times10^{8}$ किलोमीटर (जहाँ $10^{8}=100000000$) यानी लगभग 150 मिलियन किलोमीटर। वह दूरी इतनी अधिक है कि सूर्य के प्रकाश (जिसका वेग 3×10^{5} किलोमीटर/सेकेंड है) को पृथ्वी तक पहुँचने में आठ मिनट से अधिक लगते हैं। सो कैसे? यदि कोई राजधानी एक्सप्रेस (जिसका वेग मात्र 150 किलोमीटर प्रतिघंटा होता है) से सूर्य तक पहुँचना चाहे तो उसे 115 वर्ष लग जाएँगे। सो कैसे?

चूँकि दूरी = वेग × समय

$$\text{इसलिए समय} = \text{दूरी/वेग} = \frac{1.496\times10^{8}\ \text{किलोमीटर}}{150\ \text{किलोमीटर प्रतिघंटा}}$$

= लगभग 9,97,333 घंटे = 41,556 दिन = 115 वर्ष

यही है सूर्य की पृथ्वी से दूरी।

तारों की दूरी का मात्रक भिन्न है

अंतरिक्ष में हमारे सबसे पास का तारा सूर्य है। रात्रि में जो तारे आकाश में दिखते हैं वे सूर्य से कहीं अधिक दूर हैं। इतनी लंबी दूरियों के लिए खगोलशास्त्री एक अन्य मात्रक का प्रयोग करते हैं, जिसे प्रकाशवर्ष (Light year) कहते हैं। एक वर्ष में प्रकाश का एक पुंज जितनी दूरी तय करता है उसे प्रकाशवर्ष कहते हैं। आइए, हम गणना करके देखें कि यह दूरी कितने किलोमीटर के बराबर होती है।

1 प्रकाशवर्ष = (प्रकाश का वेग) × (1 वर्ष)

= (3×10^5 किलोमीटर प्रतिसेकेंड) × ($365\times24\times60\times60$) सेकेंड

= 9.46×10^{12} किलोमीटर

यह जानकर शायद आश्चर्य होगा कि (सूर्य के अलावा) आकाश में दिखनेवाला हमारे सबसे निकटवर्ती तारा पृथ्वी से लगभग 4.3 प्रकाशवर्ष दूर है। इसका अर्थ यह हुआ कि इस तारे से आनेवाले प्रकाश को हम तक पहुँचने में 4.3 वर्ष लगते हैं। (इसकी तुलना में सूर्य के प्रकाश को हम तक पहुँचने में मात्र आठ मिनट लगते हैं)। रात में जब हम तारों को देखते हैं तो क्या कभी यह भी सोचते हैं कि हम तारे को उसकी वर्तमान अवस्था में नही देख रहे? तारा जैसा हमें दिख रहा है वह उस अवस्था में बहुत वर्षों पहले था। एक उदाहरण से यह बात अधिक स्पष्ट होगी—मान लीजिए, हम पृथ्वी पर खड़े हों और हमारा एक मित्र ऐसे तारे पर खड़ा है जो हमसे पचास प्रकाशवर्ष दूर है। इसका अर्थ यह हुआ कि हमको देखने में हमारे मित्र को पचास वर्ष लगेंगे—और जब मित्र को हमारी पहली झलक मिलेगी तो वह हमें बाल्यावस्था में ही पाएगा, जबकि वास्तविकता में हम बूढ़े हो चुके होंगे। यह उदाहरण मात्र काल्पनिक ही है, क्योंकि मनुष्य के लिए पचास प्रकाशवर्ष दूर की यात्रा कर सकना अभी संभव नहीं है।

आकाश के सबसे चमकीले तारे हमसे बहुत-बहुत दूर हैं। इनमें से कुछ तारे तो पृथ्वी से हजारों प्रकाशवर्ष की दूरी पर हैं। तो इन तारों की आकृति कैसी होती है? ये तारे कितने बड़े होते हैं? क्या अंतरिक्ष असीम है? या फिर पृथ्वी की तरह अंतरिक्ष की भी आकृति है व छोर है? आकाश दिन में नीला व रात्रि में काला क्यों दिखता है? या फिर अन्य सभ्यताएँ भी अन्य ग्रहों पर उपस्थित हैं? ऐसे बहुत से प्रश्न हर एक के मन में उठेंगे। कुछ प्रश्नों के उत्तर खगोलशास्त्रियों ने ढूँढ़ निकाले हैं; लेकिन अनेक प्रश्नों का समाधान अभी भी मनुष्य की पहुँच से परे है। यही कारण है कि अंतरिक्ष आज भी रहस्यमय है।

सबसे बड़ी बाधा दूरी

अंतरिक्ष के रहस्य को समझने में सबसे बड़ी बाधा है—दूरी। यह बात तो आसानी से समझी जा सकती है कि जो चीज हमारे पास होगी, उसे हम आसानी से देख सकते हैं, समझ सकते हैं। यही कारण है कि आज हम सौरमंडल के ग्रहों के विषय में ठोस जानकारी रखते हैं। चाँद हमारे इतने निकट है कि हम वहाँ की यात्रा कर सकते हैं और कर चुके हैं। जो ग्रह हमसे अधिक दूर हैं और जिन ग्रहों का वातावरण मनुष्य के लिए अनुकूल नहीं हैं, उन ग्रहों तक मनुष्य ने अंतरिक्ष यान (Space craft) भेजकर बहुत सारी जानकारी उपलब्ध कर ली है। इस वैज्ञानिक जानकारी से बहुत सारी भ्रांतियाँ भी दूर हुई हैं—उदाहरणस्वरूप बहुत दिनों तक वैज्ञानिकों के मन में भ्रम पलता रहा कि मंगल (Mars) ग्रह पर प्राणियों का निवास है। किंतु अंतरिक्ष यानों द्वारा भेजे गए चित्रों में मंगल ग्रह एकदम वीरान लगता है, जहाँ मनुष्य के जीवन के लिए उपयुक्त वातावरण नहीं है। हम पृथ्वीवासी भाग्यशाली हैं कि हमें जीवनदायी वायु व जल उपलब्ध हैं।

तारों की दूरी की माप

वास्तव में तारे विशाल जलते अंगारे हैं जो हमारे वायुमंडल से करोड़ों मील ऊपर हैं। वास्तविक दूरी का पता लगाने के लिए अनेक विधियाँ प्रयुक्त की जाती हैं। इनमें एक है लंबन कोण (Parallax angle) ज्ञात करना। यह कोण अति लघु (सेकेंडों में) होता है—1''(सेकेंड)=1/3600 अंश।

इस 1 सेकेंड का लंबन तारे की वह दूरी है जो एक पार्सेक (pc) के तुल्य है। इस तारे की दूरी (पार्सेक में)=1/लंबन। जो तारा जितना ही दूर होगा उसका लंबन कोण उतना ही कम होगा।

निकटतम तारा ऐल्फा सेंटौरी का लंबन कोण 0.76'' है। अत: पृथ्वी से इसकी दूरी 1.3 पार्सेक होगी, जो 4.3 प्रकाशवर्ष (लगभग 25 ट्रिलियन मील) है।

दूसरी विधि है तारों के प्रकाश-स्पेक्ट्रम का अध्ययन। तारों से सभी रंगों का प्रकाश उत्सर्जित होता है। सर्वप्रथम जिस पहले तारे के स्पेक्ट्रम का अध्ययन किया गया वह सूर्य था।

गरम तारे तथा शीतल तारे के स्पेक्ट्रमों में भिन्नता रहती है। गरम तारों को 'O' प्रकार तथा शीतल तारों को 'M' प्रकार का बतलाया गया है।

अंतरिक्ष में तारों का एक वेग होता है जो कई मील प्रतिसेकेंड है।

तारों की प्रभा या द्युति (Brightness) तथा चमक (Luminosity) का अर्थ

आकाश में झिलमिलाते तारे एक जैसे नहीं दिखते। कोई अधिक चमकदार है तो कोई धुँधला—जिसे देखने के लिए आँखों पर जोर देना पड़ता है। तारों का वर्गीकरण करते समय उनकी प्रभा तथा चमक का ध्यान रखा जाता है।

छठी शताब्दी ईसा पूर्व हिपार्कस ने लगभग एक हजार तारों की सूची तैयार की थी और उन्हें चमक के अनुसार 1 से लेकर 6 तक की संख्याएँ प्रदान की थीं। इस पद्धति में 1 कांतिमानवाला (Magnitude) तारा सबसे चमकदार और 6 कांतिमान का तारा सबसे धुँधला होता था। आगे इस पद्धति में सुधार हुआ और संख्या को 6 से आगे बढ़ा दिया गया।

किसी भी तारे की चमक उसके दृष्ट कांतिमान (Apparent magnitude) के द्वारा व्यक्त की जाती है। कोई तारा कितना चमकदार है, यह इस बात पर निर्भर करता है कि वह कितनी ऊर्जा बाहर निकाल रहा है। किसी सतह से निकलनेवाली ऊर्जा को उसका अभिवाह या फ्लक्स (Flux) कहा जाता है।

फ्लक्स = ऊर्जा/क्षेत्रफल/समय

यदि एक तारे से निकलनेवाला फ्लक्स दूसरे तारे के फ्लक्स से ठीक 100 गुना अधिक हो तो वह तारा दूसरे से 5 कांतिमान चमकदार होगा। अधिक चमकदार तारे का कांतिमान धुँधले तारे के कांतिमान से कम होगा।

हम आँखों से 6.2 कांतिमान तक के तारे देख सकते हैं। कांतिमान के अनुसार कोरी आँखों से हमें छह हजार तारे दिखने चाहिए।

निम्नलिखित सारणी पर विचार कीजिए—

कांतिमान	तारों की संख्या
–2	0
–1	1
00	4
1	16
2	45
3	150
4	540

कांतिमान	तारों की संख्या
5	1,700
6	4,900
7	14,000
10	3,50,000
15	3,70,00,000
20	1,20,00,00,000

स्पष्ट है कि हमें लगभग छह हजार तारे दिखने चाहिए (6.2 कांतिमान पर)।

दस कांतिमान के तारों के लिए बहुत बड़ी दूरबीन चाहिए और बीस कांतिमान के लिए सबसे बड़ी दूरबीन—जैसीकि माउंट पैलोमर पर स्थापित है।

रंग-बिरंगे तारे

कुछ तारे नीले हैं तो कुछ पीले तथा कुछ लाल।

ये रंग उनके ताप के द्योतक हैं। सामान्य ताप (3200^0 सें.) पर लाल रंग और अधिक ताप पर सफेद रंग दिखना चाहिए। अत: लाल तारों का ताप कम है। उनसे ज्यादा ताप के तारे नारंगी रंग के, उनसे भी ज्यादा ताप के पीले, श्वेत, नीले होते जाएँगे।

नीले रंग के तारे निश्चित रूप से सर्वाधिक तापवाले हैं। (यह ताप 15000^0 सें.)।

हमारा सूर्य पीले रंग का तारा है (ताप 6000^0 सें.)।

विराट् और वामन तारे

आकार और भार की दृष्टि से भी तारों का वर्गीकरण किया गया है। कुछ विराट् हैं तो कुछ वामन (Dwarf) तथा कुछ समरूप हैं।

जब तारों का समग्र द्रव्यमान कम स्थान में भरा रहता है तो वे 'वामन' कहलाते हैं। अत्यधिक उष्मा के कारण इन तारों का रंग सफेद होता है, इसलिए ये 'श्वेत वामन' कहलाते हैं। ऐसा तारा सीरियस का साथी है जिसे व्याघ्र का साथी कहते हैं।

वामन तारों से बड़े आकारवाले तारे 'समरूप' तारे हैं—ये सभी एक-से

आकार के होते हैं, किंतु उनके रंग, आकार, ताप में अंतर होता है। इनके रंग नीले, श्वेत, नारंगी आदि हो सकते हैं।

विराट् तारों के केंद्र समरूप तारों से कम गरम रहते हैं। इनका द्रव्यमान खुला-खुला भरा होता है—वामन तारों से भिन्न, इसीलिए इनका आकार बहुत बड़ा होता है। ऐसे तारों में हजारों सूर्य समा जाएँ। ये सब पीले या लाल रंग के होते हैं। विराट्-से-विराट् तारे का भार दस सूर्य से अधिक नहीं होता।

विराट् तारे जल्दी मर जाते हैं, क्योंकि वे अपनी हाइड्रोजन तेजी से खर्च कर देते हैं।

मंद तारे दीर्घजीवी होते हैं, क्योंकि वे अति मंद गति से अपनी हाइड्रोजन व्यय करते हैं। इनकी आयु कई बिलियन वर्ष होती है।

तरह-तरह के तारे

(अ) युग्मीय तारे (Binary stars)

जब दो पास-पास स्थित तारे एक-दूसरे के गुरुत्वबल से बँधकर युग्म (pair) बनाते हों तो वे युग्मीय तारे कहलाते हैं। इसी तरह तीन या चार तारे मिलकर त्रिक (Triplet) तथा चतुष्क (Quadruplet) बना सकते हैं।

(आ) स्पंदमान तारे (Pulsating stars)

आकाश में ऐसे अनेक तारे हैं जिनकी चमक सदैव एक-सी नहीं रहती। इन्हें परिवर्तनशील तारे (Variable stars) कहा जाता है। इनमें से कुछ तारे ऐसे भी हैं जो निरंतर फूलते-पिचकते रहते हैं। उनके आकार में होनेवाला यह स्पंदन प्राय: एक लय में होता है। इन्हें ही स्पंदमान तारे कहा जाता है। ऐसे तारे का उदाहरण 'अद्‍भुत मीरा' (Mira, the wonderful) है।

(इ) सेफीड (Cepheids)

स्पंदमान तारों में अधिकतर सेफीड वर्ग में आते हैं। कारण कि इस वर्ग का खोजा गया पहला तारा डेल्टा सेफी (Delta Cephei) था, जो कि चौथी कांतिमान का तारा है, अत: आँखों से देखा जा सकता है।

हमारी आकाश गंगा में ऐसे छह सौ तारे हैं। इन तारों की ज्योति सूर्य से हजारों गुनी अधिक है। प्रकाश परिवर्तन की अवधि एक से लेकर पचास दिन होती है। हमारा ध्रुव तारा इसी वर्ग का तारा है। इसके प्रकाश की परिवर्तन अवधि चार दिन

है। यह परिवर्तन अधिक नहीं होता इसीलिए ध्रुवतारे की चमक लगभग एक समान दिखती है।

(ई) विस्फोटक तारे

सन् 1054 में अचानक टॉरस तारामंडल का एक नया तारा चमका। उसके सामने शुक्र ग्रह का भी प्रकाश फीका पड़ गया। इसका उल्लेख चीनी तथा जापानी ग्रंथों में मिलता है। यह कुछ महीनों तक चमकता रहा और फिर ओझल हो गया।

सन् 1572 में टायको ब्राहे ने कैसियोपिया तारामंडल में एक अन्य ऐसा ही चमकदार तारा देखा। यह दिन में भी दिखता था। बीसवीं सदी के पूर्वार्द्ध में पाँच और ऐसे तारे देखे गए।

इस प्रकार के तारों को 'नोवा' (Nova)(नव तारा) की संज्ञा दी गई। नोवा = लैटिन शब्द है, जिसका अर्थ है 'नवीन'। इनमें एकाएक विस्फोट होता है और विस्फोट के बाद ये समाप्त हो जाते हैं।

सबसे शक्तिशाली विस्फोटक तारे 'सुपरनोवा' (Supernova) (अधिनव तारा) कहलाते हैं। विस्फोट के समय इनकी ज्योति हमारे सूर्य की ज्योति से एक सौ मिलियन गुनी हो जाती है, जो शनैः-शनैः घटती जाती है।

'गीता' तथा अन्य ग्रंथों में कोटि-कोटि सूर्य का अर्थ इन्हीं सुपरनोवा से लिया जा सकता है।

(उ) ऐल्गाल (Algol)

यह विशिष्ट तारा है, जिसे 'झपकता दानव तारा' कहते हैं (Winking demon star)। इसकी परिक्रमा अवधि 2.867 दिन है। इसकी चमक परिक्रमा के अनुसार घटती-बढ़ती है। यह सबसे धुँधला दिखता है।

(ऊ) कृष्ण विवर या श्याम विवर (Black hole)

इसे आज तक अंतरिक्ष में देखा नहीं जा सका, केवल सैद्धांतिक पुष्टि हुई। यह अदृश्य पिंड है, कोई विवर (छेद) नहीं। (इसका विवरण अन्यत्र पढ़ें)

तारों की पहचान

कौन-सा तारामंडल आकाश में कहाँ है—उदाहरणार्थ सप्तर्षि कहाँ हैं और मकर राशि कौन-सी है? इसे पहचानने के लिए तारों के चार्ट तैयार किए गए हैं।

इसके पीछे यह सिद्धांत कार्य करता है कि आकाश में तारों की स्थितियाँ सुनिश्चित हैं; लेकिन अंतरिक्ष वक्राकार है, इसलिए तारों का चार्ट तैयार करते समय तारों की स्थितियों को गोले से समतल पर प्रक्षेपित करते हैं।

प्लैनेटेरियम या नक्षत्रशाला वह कृत्रिम आकाश है, जिसमें हम बैठकर आकाश में तारों की स्थिति का ज्ञान प्राप्त कर सकते हैं।

टूटता तारा तथा तारा में अंतर

टूटते तारे धूमकेतु के टूटने से बनते हैं। टूटते तारों की संख्या लाखों-करोड़ों में है, जिनमें से कुछ राई के दाने के बराबर, तो कुछ गेंद के बराबर और कुछ कई टन के पिंड होते हैं। ये सब अपनी-अपनी कक्षा में सूर्य की परिक्रमा लगाते हैं। 30 मील प्रतिसेकेंड की गति से टूटते तारे पृथ्वी के वायुमंडल में आते ही वायु से रगड़ खाकर जल उठते हैं और कुछ ही सेकेंडों में राख बन जाते हैं।

टूटते तारे छोटे-छोटे पिंड हैं, जबकि सच्चे तारे सूर्य या उससे बड़े जलते गैस के गोले हैं। सच्चे तारे सूर्य से अनेक प्रकाशवर्ष दूर हैं। यदि वायुमंडल न होता तो टूटते तारों का अलौकिक दृश्य कैसे दिखता?

टूटते तारे अंतरिक्ष के मेहमान हैं—नित्य ही पृथ्वी पर आते हैं। कभी-कभी वे फुलझड़ी का रूप धारण करते हैं, जो उल्का वृष्टि कहलाती है।

यदि सच्चा तारा टूटे तो…

टूटता तारा सच्चा तारा नहीं। सच्चा तारा कभी टूटता नहीं। यदि किसी दुर्घटनावश कोई सच्चा तारा टूट जाए तो सारा विश्व हिल उठे, ग्रह-व्यवस्था उलट-पुलट जाए, ग्रह टकराकर टूट पड़ें और भाप बनकर उड़ जाएँ।

क्या तारे आकाश में स्थिर हैं?

पृथ्वी पश्चिम से पूर्व की ओर घूमती है इसी कारण तारे भी पश्चिम की ओर सरकते दिखाई पड़ते हैं—फलस्वरूप तारे स्थिर होने चाहिए। वस्तुतः तारे स्थिर नहीं हैं। यह स्थिरता उनकी अनंत दूरी के कारण है। सच तो यह है कि तारे तथा समस्त विश्व गतिमान हैं। विश्व में कुछ भी स्थिर नहीं है।

पुच्छल तारे (Comets) : सौरमंडल के अंग

पुच्छल तारे को अंग्रेजी में 'कॉमेट' (Comet) कहते हैं, जो ग्रीक शब्द है;

जिसका अर्थ है 'लंबे बाल'। हमारे प्राचीन ग्रंथों में इसका नाम धूमकेतु भी मिलता है।

पुच्छल तारे सौरमंडल के महत्त्वपूर्ण अंग हैं। जब ये आसमान में चलते हैं तो लंबी पूँछ के समान दिखते हैं, इसलिए 'पुच्छल तारा' कहलाते हैं। इनके दो भाग होते हैं—अगला हिस्सा 'नासिका' कहलाता है जो काफी चमकीला होता है। हर पुच्छल तारे में दो पूँछें होती हैं, पर पृथ्वी से ऐसा लगता है कि एक ही पूँछ है।

सारे पुच्छल तारे सूर्य का चक्कर लगाते हैं, पर प्रत्येक तारे का सूर्य का चक्कर लगाने का समय भिन्न होता है। कुछ पुच्छल तारे दो सौ वर्ष या उससे कम में एक चक्कर लगा लेते हैं तो कुछ को दौ सौ मिलियन वर्ष लग जाते हैं।

ये सूर्य से काफी दूरी पर रहते हैं, लेकिन जब कोई तारा इनपर गुरुत्व बल

एक पुच्छल तारा

लगाता है तो ये सूर्य के निकट आ जाते हैं।

पुच्छल तारे न तो करिश्मा हैं, न ही अग्नि ज्वालाएँ

अरस्तू के समय ही अपोलोनियस तथा मिंडस ने स्पष्ट किया कि पुच्छल तारे न तो करिश्मे हैं, न अग्नि ज्वालाएँ, प्रत्युत ये खगोलीय पिंड हैं जो निश्चित कक्षाओं में घूमते हैं। बेड़े (673–735), थॉमस एक्विनास (1225–1274) तथा रोजर बेकर (1214–1294) ने पुच्छल तारों के विषय में अनेक जानकारियाँ दीं।

कितने-कितने पुच्छल तारे?

सर्वप्रथम पामोलोटोस्कैनेली (1379–1482) ने 'हेली' पुच्छल तारा देखा। यह इस तारे का वह 1456वाँ आगमन था।

कोपरनिकस ने भी एक पुच्छल तारा देखा। टाइको ब्राहे ने सन् 1577–1578 में एक पुच्छल तारे को देखा। केपलर ने 1607 में हेली पुच्छल तारे को, फिर 1618 में कई पुच्छल तारे देखे। 1759 में कई खगोलशास्त्रियों ने हेली का अवलोकन किया। 1835 में हेली फिर दिखा।

चार्ल्स मेसिपर ने इक्कीस पुच्छल तारे देखे। कैरोलीन हर्शेल ने आठ पुच्छल तारों का, लेविस स्विफ्ट ने ग्यारह पुच्छल तारों का, विलियम ब्रुक्स ने बीस पुच्छल तारों का, ई.ई. बर्नार्ड ने उन्नीस पुच्छल तारों का, जीन पॉन्स ने सैंतीस पुच्छल तारों का और जॉर्ज वान बीस ब्रोक ने तीन पुच्छल तारों का पता लगाया। 1950 के बाद इस क्षेत्र में काफी प्रगति हुई। 1973–74 में कोहटेक नामक पुच्छल तारे के अध्ययन से अनेक तथ्य ज्ञात हुए।

इस तरह अभी तक लगभग सात सौ पचास पुच्छल तारों के विषय में जानकारी है। पेशेवर लोग प्रतिवर्ष पाँच नए पुच्छल तारे ढूँढ़ निकालते हैं। चाहें तो आप भी ढूँढ़कर उसके साथ अपना नाम जोड़कर अमर बन सकते हैं।

हेली पुच्छल तारा

इसे हम सबने देखा है। इसको सूर्य का एक चक्कर लगाने में छिहत्तर वर्ष लग जाते हैं। यह 1910 में दिखा, फिर 1986 में और अब 2061 में पुन: दिखेगा।

यह सन् 837 में पृथ्वी के बहुत पास से गुजरा था। अब तक हेली के जीवन काल को सोलह हजार वर्ष पूरे हो चुके हैं; लेकिन उसकी सक्रियता में कोई अंतर नहीं आया।

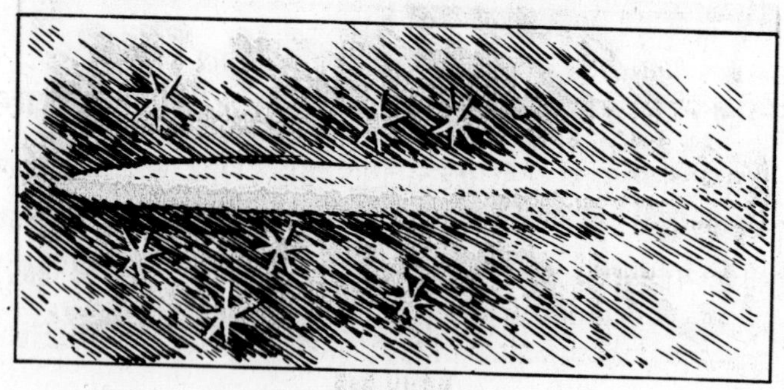

हेली धूमकेतु

सूर्य का एक पूरा चक्कर लगाने में हेली को 1,22,000 लाख किलोमीटर की दूरी तय करनी होती है।

निकट वर्तमान में 9 फरवरी, 1986 को यह सूर्य के सबसे निकट से गुजरा था और 11 अप्रैल, 1986 को पृथ्वी के निकट से गुजरा था। उस समय इसकी गति 34 मील प्रतिसेकेंड थी और इसके गर्भ से निकलनेवाली गैसों की मात्रा 20 लाख टन प्रतिदिन थी।

गियोटा, वेगा जैसे अंतरिक्ष यानों ने हेली के बारे में महत्त्वपूर्ण सूचना उपलब्ध कराई। अंतरिक्ष में स्थापित हुबल दूरबीन ने भी महत्त्वपूर्ण भूमिका निभाई। यह ऐसा पिंड है जिसका प्रेक्षण एक साथ छह अंतरिक्ष यानों ने किया। भारत में इस पुच्छल तारे को बहुत से जिज्ञासुओं ने भी देखा।

पुच्छल तारों की उत्पत्ति

कुछ वैज्ञानिकों का कहना है कि पुच्छल तारे सूर्य से टूटकर आए खंड हैं या कि वे किसी बड़े ग्रह के टूटन हैं।

कुछ का अनुमान है कि वे नेबुला (नीहारिका) से पृथक् हुए होंगे।

अनुमान है कि आज से चार हजार पाँच सौ मिलियन वर्ष पूर्व ये बने होंगे, जिस समय सूर्य तथा अन्य ग्रह बने।

पुच्छल तारे सूर्य से लगभग तीस से सत्तर हजार खगोलीय इकाई पर स्थित हैं।

पुच्छल तारों की चमक का कारण

पुच्छल तारे गैसों से घिरे रहते हैं, जो अँधेरे में चमकती हैं। इसी तरह पुच्छल तारे धूल कणों से घिरे हैं, जो सूर्य प्रकाश को परावर्तित करते हैं।

पुच्छल तारे प्रायः हाइड्रोजन बादल से घिरे होते हैं।

पुच्छल तारे पृथ्वी से टकरा जाएँ तो!

वैसे पृथ्वी से इनके टकराने की संभावना नहीं है, किंतु जब ये पृथ्वी के अति निकट से गुजरते हैं तो अपनी विषैली गैसों से पृथ्वी के वायुमंडल को दूषित कर सकते हैं। ये ब्रह्मांड में जीवाणु फैला सकते हैं।

30 जून, 1908 को साइबेरिया में एक भीषण विस्फोट हुआ। इससे केंद्र बिंदु से 18 किलोमीटर तक की सारी वस्तुएँ झुलस गईं। विस्फोट की आवाज 1000 किलोमीटर तक सुनाई पड़ी और एक बड़े भूकंप का-सा अनुभव हुआ। इस क्षेत्र में

चुंबकीय परिवर्तन भी रिकॉर्ड किए गए।

कहते हैं कि एक बहुत बड़ी उल्का पुच्छल तारे से टूटी थी और वह साइबेरिया के ऊपर गिरी थी।

कुछ इसे पुच्छल तारे की पृथ्वी से टक्कर बताते हैं, किंतु पृथ्वी से इनके टकराने की तनिक भी संभावना नहीं है।

उल्का पिंड, उल्काएँ तथा उल्का वृष्टि

जब-जब कोई उल्का सूर्य के निकट से गुजरती है तो वह अपनी कक्षा में अपने पीछे कुछ धूल तथा गैस छोड़ती जाती है। ये ठोस कण (पत्थर या लोहा) 'उल्का पिंड' (Meteorites) कहलाते हैं। ये उल्का पिंड लघु ग्रहों की तरह सूर्य के चारों ओर चक्कर लगाते रहते हैं, किंतु कई बार गुजरने के बाद वे पूरी तरह गैस तथा धूल में विखंडित हो जाते हैं।

लो यह टूटा तारा!

प्राय: लोग कहते हैं कि आकाश से तारा टूटा तो प्रकाश की दमक के रूप में दिख जाता है। स्मरण रहे कि यह तारा नहीं होता। यह होती है 'उल्का' (Meteor)।

उन उल्का पिंडों के जलने से प्रकाश की धारियाँ उत्पन्न होती हैं, जो 72 किलोमीटर प्रतिसेकेंड की चाल से पृथ्वी के वायुमंडल में प्रवेश करते हैं। इन्हें 'उल्काएँ' कहते हैं। अभी ये लघु कण पृथ्वी से 80-100 किलोमीटर ऊपर ही होते हैं तभी वायु के घर्षण से ये जल उठते हैं। हम अँधेरी रात में स्वच्छ आसमान में प्रतिघंटे छह उल्काएँ चमकती देख सकते हैं। ये दिन में नहीं दिखतीं, क्योंकि आकाश चमकीला रहता है। जब कोई उल्का अपवादस्वरूप अत्यधिक चमकीली होती है तो वह 'अग्नि गोला' (Fire ball) कहलाती है। ऐसा गोला 8 मार्च, 1976 को उत्तर पूर्वी चीन के हाइलुंगकियांग प्रांत में देखा गया।

उल्का वृष्टि

प्रतिवर्ष विशेष अवसरों पर उल्का वृष्टि हो सकती है। यह वर्षा पुच्छल तारे से संबद्ध होती है। जब पृथ्वी सूर्य की प्रदक्षिणा करते समय पुच्छल तारे द्वारा छोड़े गए उल्का पिंडों के झुंड से होकर गुजरती है तब यह वृष्टि होती है। जब पृथ्वी हैली की पूँछ से होकर 1910 में गुजर रही थी तो लोग सशंकित थे कि उल्का वृष्टि हो सकती है।

सबसे बड़ा उल्का पिंड

होबो वेस्ट (Hobo west) : यह आज भी दक्षिण-पश्चिमी अफ्रीका में उसी स्थान पर पड़ा है जहाँ गिरा था। इसका भार 66 टन है।

उल्का पिंडों का नामकरण

प्राय: ये जिस डाकघर के पास गिरते हैं, उसीके नाम पर इनका नामकरण किया जाता है।

क्रेटरों की उत्पत्ति

जब बड़े-बड़े उल्का पिंड पृथ्वी पर गिरते हैं तो वे पृथ्वी पर विशाल 'क्रेटर' (Crater) बना देते हैं। संयुक्त राज्य अमेरिका के ऐरिजोना प्रांत में अत्यंत प्रसिद्ध 'बैरिंजर' नाम का क्रेटर अब भी है, जो 180 मीटर गहरा है तथा उसका व्यास 1.5 किलोमीटर है। एस्टोनिया के सारेमा द्वीप में 110 मीटर व्यास का एक क्रेटर मिला है।

बैरिंजर क्रेटर

अन्य ग्रहों में भी क्रेटर

ऐसे क्रेटर अन्य ग्रहों में भी पाए जाते हैं। शनि ग्रह में अमेरिकी वायजर-2 नामक अंतरिक्ष स्टेशन से 400-500 किलोमीटर व्यास के क्रेटर का पता लगाया है। स्मरण रहे, ज्वालामुखी उद्‌गार से बने क्रेटर इन क्रेटरों से भिन्न होते हैं।

उल्का पिंडों के गिरने से क्या मृत्युएँ होती हैं?

इसे आश्चर्य ही समझें कि प्रति दस वर्षों में दो या तीन उल्का पिंड आकाश

से पृथ्वी पर गिरते हैं, किंतु शायद ही आज तक मनुष्यों के मरने का कोई रिकॉर्ड हो।

उल्का पिंडों का संघटन

इनमें सामान्य रूप से निम्नलिखित दस तत्त्वों की बहुलता पाई गई है—

तत्त्व	भार के अनुसार %
ऑक्सीजन	34.6
लौह	25.6
सिलिकन	17.8
मैग्नीशियम	13.9
सल्फर	2.0
कैल्सियम	1.6
निकिल	1.4
अल्युमीनियम	1.4
सोडियम	0.7
फॉस्फोरस	0.16
	99.16

संघटन के आधार पर उल्का पिंडों की श्रेणियाँ बताई गई हैं—(1) लोहे या सिडेराइट, जिनमें 91% लोहा तथा 8.5% निकिल होता है।

(2) पत्थर या ईरोलाइट—इनमें 41% ऑक्सीजन, 21% सिलिकन, 15.5 % लौह, 14.3% मैग्नीशियम होता है। कभी-कभी इनमें जीवाणुओं के स्पोर भी पाए गए हैं।

अंतरिक्ष की परमाणु भट्ठियाँ

सारे पदार्थ जिन तत्त्वों से बने हैं उनकी संख्या एक सौ नौ है। प्रत्येक तत्त्व के नाभिक (Nucleus) में धनावेशित प्रोटॉन तथा विद्युत् आवेशरहित न्यूट्रॉन रहते हैं जबकि बाह्य भाग में ऋणावेशित इलेक्ट्रॉन चक्कर लगाते रहते हैं। नाभिक के संपूर्ण कणों की संख्या उस तत्त्व के परमाणु भार को बताती है और प्रोटॉनों की संख्या उसकी परमाणु संख्या को। उदाहरणार्थ, कार्बन का परमाणु भार बारह तथा परमाणु

संख्या छह है, क्योंकि उसके नाभिक में छह प्रोटॉन तथा 12-6 = 6 न्यूट्रॉन उपस्थित रहते हैं। तत्त्वों के रासायनिक गुण उनके नाभिक के विद्युत् आवेश पर यानी परमाणु संख्या पर निर्भर करते हैं। एक ही परमाणु संख्या लेकिन विभिन्न परमाणु भारों के नाभिक 'आइसोटोप' या 'समस्थानिक' कहलाते हैं।

पहले यह माना जाता रहा कि तत्त्व अभेद्य हैं और दूसरे तत्त्वों में उनका रूपांतर नहीं किया जा सकता। इसीलिए पारे से सोना बनाने के सारे प्रयास निष्फल होते रहे। किंतु न्यूक्लीय भौतिकी के विकास से अब यह संभव हो सका है। परमाणु भट्ठियाँ तथा परमाणु बम इसके प्रमाण हैं।

1950-60 के दशक में न्यूक्लीय भौतिकी द्वारा तारों के अंतर्भाग का अध्ययन जोरों से शुरू हुआ। 1957 में चार वैज्ञानिकों—विलियम फाउलर, फ्रेड हॉयल, मार्गेट बर्बिज तथा जेफरी बर्बिज के संयुक्त प्रयासों से यह सिद्ध हुआ कि ब्रह्मांड में पाए जानेवाले अधिकांश मूल तत्त्व तारों के भीतर की परमाणु भट्ठियों में बने हैं। वस्तुतः अंतरिक्ष रसायन विज्ञान (Space Chemistry) का यह रोचक पहलू है।

परमाणु संलयन (Fusion) द्वारा भारी नाभिक बनाने के लिए एक-एक न्यूट्रॉन या प्रोटॉन न संयुक्त करके एक-साथ दो न्यूट्रॉन तथा दो प्रोटॉन का संयुक्त कण, एल्फा (α) कण जुड़ता है। यह वस्तुतः हीलियम का नाभिक है। हॉयल द्वारा बताए संलयन द्वारा कार्बन बनाया जा चुका है। इसमें तीन एल्फा कण संयुक्त किए गए।

$$3\alpha = C^{12}$$

इसी तरह एक-एक एल्फा कण जोड़ते जाने पर कार्बन से ऑक्सीजन, नियान, मैग्नीशियम, सिलिकन और गंधक प्राप्त किए जा सकते हैं—

$C^{12} + \alpha = O^{16}$ आर्क्सीजन

$O^{16} + \alpha = Ne^{20}$ नियान

$Ne^{20} + \alpha = Mg^{24}$ मैग्नीशियम

$Mg^{24} + \alpha = Si^{28}$ सिलिकन

$Si^{28} + \alpha = S^{32}$ गंधक

और आगे α के स्थान पर Si^{28}(सिलिकन) प्रयुक्त होता है। इस तरह दो सिलिकन से Fe^{56}(लोहा) मिलेगा।

$$Si^{28} + Si^{28} = Fe^{56} \text{ (लोहा)}$$

लोहा, कोबॉल्ट तथा निकिल तक पहुँचते-पहुँचते संलयन क्रिया संभव नहीं है।

लोहे से बड़ा नाभिक बनाने के लिए हॉयल आदि ने ऐसी क्रियाएँ बताईं, जो

दानव तारों में घटित होती हैं। इसके लिए ऊर्जा व्यय करना पड़ता है—अति उच्च ताप।

हीलियम से लेकर लोहे तक के नाभिकों के बनाने के लिए जो परमाणु भट्ठियाँ काम करती हैं उनके ताप क्रमश: बढ़ते जाते हैं। हाइड्रोजन से हीलियम बनाने के लिए एक करोड़ अंश का ताप चाहिए, तो लोहे के लिए इससे सौ गुने से भी अधिक ताप चाहिए। यह ताप तारे के आंतरिक भाग के सिकुड़ने से पैदा होता है। ताप बढ़ने से तारे का बहिरंग फूलता है। वैज्ञानिकों ने ऐसे तारे की उपमा प्याज से दी है, जिसके छिलके भिन्न-भिन्न तत्त्वों के नाभिक होते हैं। ज्यों-ज्यों बाहरी छिलके हटाकर भीतर की ओर जाया जाता है तो अधिक भार के नाभिक मिलते हैं। इस तरह सबसे बाहर हाइड्रोजन होगा और भीतरी भाग में लोहा।

अंतरिक्ष या ब्रह्मांड के कोने-कोने में सारे तत्त्व तभी बिखरे मिल सकते हैं जब वे तारों के भीतरी भाग से बाहर आएँ।

तारे का भीतरी भाग अति तप्त अवस्था में रहता है। यह परमाणु भट्ठी है, जहाँ अधिकाधिक नाभिक बनता है। यह नाभिक संलयन की क्रिया लोहे तक पहुँचकर रुक जाती है। इस क्रिया से भीतर से जो ऊर्जा निकलती है उससे तारा चमकता है और तारे का बाहरी भाग फूलता जाता है; किंतु जब यह क्रिया बंद हो

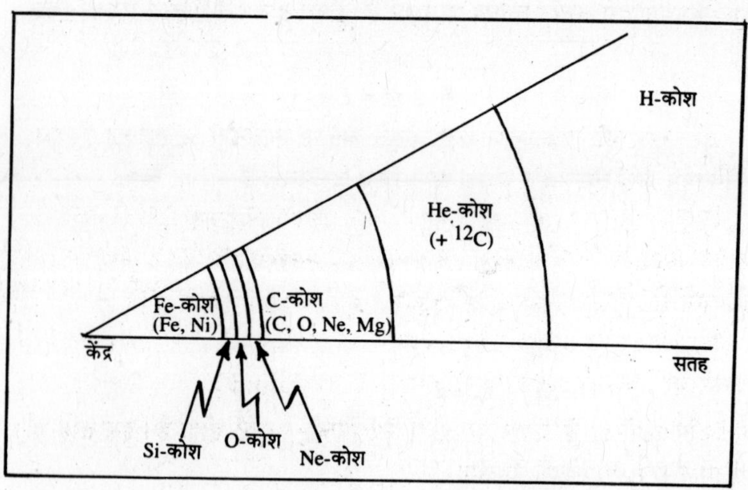

दानव तारे का अंतर्भाग प्याज के छिलकों के समान है। प्रत्येक छिलका एक रासायनिक मूलतत्त्व का बना है। अधिक अंदरूनी छिलकों में अधिक परमाणु भार के तत्त्व पाए जाते हैं। ऐसे तारे का एक हिस्सा।

जाती है तो भीतरी भाग फिर सिकुड़ने लगता है और इस सिकुड़ने से पुनः गरम हो उठता है। उसका घनत्व बढ़ जाता है और नाभिक से प्रोटॉन तथा न्यूट्रॉन एक दूसरे में परिणत होने लगते हैं।

$$p + e = n + \upsilon^{-} \text{ (न्यूट्रिनों)}$$

न्यूट्रिनों हलके कण हैं, जो प्रकाश की गति से चलते हैं। इस तरह सिकुड़ते भीतरी भाग में न्यूट्रॉनों की संख्या बढ़ती है, किंतु एक जैसे कण होने से ये टिक नहीं सकते, अतः तारे का भीतरी भाग फिर से फूलने लगता है। यह घटना कुछ सेकेंड में घटित होती है। फलतः तारा अपना संतुलन खो बैठता है और एकाएक फूलने से तारे का बाहरी आवरण छितर जाता है। इस तरह से विस्फोटित हुआ तारा 'सुपरनोवा' कहलाता है। यह विस्फोट कुछ क्षणों का होता है, किंतु तारे का प्रकाश दो-तीन दिन तक तेजी से बढ़कर घटता जाता है। साल-दो साल बाद वह तारा बुझ जाता है। 'क्रैब नेबुला' (बुझा तारा) वाला सुपरनोवा हमारी आकाश गंगा में है और 6000 प्रकाशवर्ष दूरी पर है।

केवल अच्छी दूरबीनों से ही आकाश गंगाओं के तारे के विस्फोट को देखा जा सकता है। 1987 में मैजेलन के बड़े मेघ में एक सुपरनोवा देखा गया था।

'ब्रह्मांड किरणें' (Cosmic rays) भी आकाश गंगा के सुपरनोवाओं के कारण बनती हैं।

क्रैब जैसे सुपरनोवा से निकली ऊर्जा मानव निर्मित मेगाटन बम से 10^{30} गुनी थी। अपार ऊर्जा!

चंद्रशेखर सीमा

सिकुड़ने के साथ ही तारे के घनत्व एवं ताप में जो वृद्धि होती है उसका अध्ययन 1932 में भारतीय वैज्ञानिक सुब्रह्मण्यम् चंद्रशेखर ने किया। फलस्वरूप उनके नाम से 'चंद्रशेखर सीमा' (Chandrashekhar Limit) का प्रचलन हुआ।

चंद्रशेखर सीमा तारे का वह द्रव्यमान है जो सूर्य के द्रव्यमान से 1.44 गुना है। यदि तारे का द्रव्यमान इस सीमा से कम हो तो उसके भीतर नए दबाव उत्पन्न हो जाते हैं, जो उसके संकुचन को रोकने में सफल होते हैं। यदि उसका द्रव्यमान इस सीमा से काफी अधिक है तो ऐसी स्थिति कभी नहीं आती और तारे का संकुचन चलता रहता है।

जो तारे चंद्रशेखर सीमा से कम द्रव्यमान के होते हैं वे संतुलित अवस्था में अपना अस्तित्व बनाए रखते हैं। ऐसे तारों का आकार छोटा होता है, उनकी तेजस्विता

कम होती है और उनका रंग सफेद होता है। ये ही 'श्वेत वामन' तारे कहलाते हैं। इनका द्रव्यमान चंद्रशेखर सीमा से कम होता है।

न्यूट्रॉन तारा

वे तारे जो श्वेत वामन की द्रव्यमान सीमा से अधिक भारी (अति सघन) हैं, 'न्यूट्रॉन' तारे कहलाते हैं। इनके क्रोड में न्यूट्रॉन ठूँसे रहते हैं। इनका गरम भाग प्रायः न्यूट्रॉन कणों का बना होता है। ऐसे तारों का व्यास 20-40 किलोमीटर से अधिक नहीं होता। ये तारे आँखों से क्या दूरबीनों से भी नहीं दिखते।

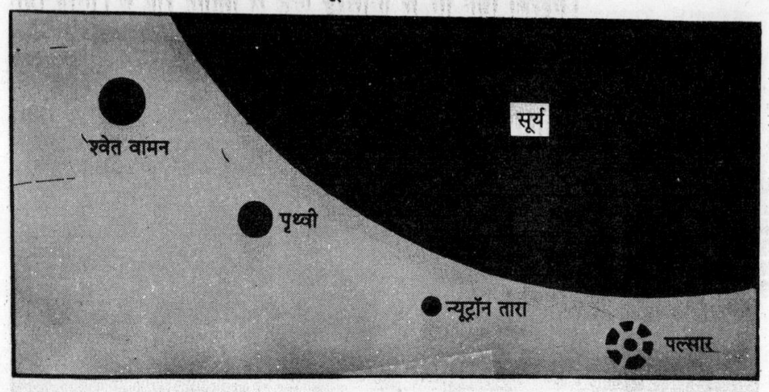

न्यूट्रॉन तारा की स्थिति

ऐसे तारे रह-रहकर (1/30 से 3 सेकेंड की अवधि के) विचित्र संदेश भेजते हैं। ये संदेश रेडियो तरंगों के रूप में पृथ्वी पर आते हैं। हमारी आकाश गंगा में ऐसे सैकड़ों न्यूट्रॉन तारे हैं। इन्हें ही 'पल्सार' (Pulsar) कहते हैं। ये सर्वप्रथम 1967 में देखे गए। 1968 में क्रैब नेबुला में न्यूट्रॉन तारा देखा गया। यह अत्यंत तेजी से चक्कर (Rotation) लगाता है और अत्यधिक चुंबकीय तारा है। तारे की सतह पर अत्यधिक गुरुत्वाकर्षण होता है। पल्सार या न्यूट्रॉन तारे में हमारा सूर्य दस मील के गेंद के रूप में निहित द्रव्यमान की तरह होगा।

इस तरह तारे के जीवन की दो संभाव्य दशाएँ हैं—श्वेत वामन (White dwarf) तथा पल्सार (Pulsar)।

न्यूट्रिनो : आदर्श जासूस

ये प्रकाश की गति से यात्रा करनेवाले कण हैं। ये किसी पदार्थ से क्रिया नहीं

करते और करते भी हैं तो अत्यंत मंद-से-मंद गति से। फलतः ये मोटे-मोटे ढेरोंवाले पदार्थों के आर-पार निकल जाते हैं।

ये कण सूर्य जैसे तारे के भीतरी भाग से नाभिकीय क्रिया के फलस्वरूप निकलते हैं। ये सूर्य को भेदकर अंतरिक्ष से आते हैं, जहाँ से कुछ कण पृथ्वी की ओर आते हैं। न्यूट्रिनो ऐसा आदर्श जासूस है जो आंतरिक जानकारी लेकर हम तक पहुँचता है। लेकिन न्यूट्रिनो को पकड़ पाना आसान नहीं। अमेरिका में भूमि के नीचे होमस्टेक खान में एक डिटेक्टर न्यूट्रिनो को पकड़ने के लिए लगाया गया है। ऐसे डिटेक्टर से सूर्य की पहेली सुलझ सकेगी।

अंतरिक्ष विकिरण

'इसका उद्गम बाह्य अंतरिक्ष में होता है। वह बड़े परिमाण में पृथ्वी पर पड़ता है और इसमें अपार विनाशक शक्ति है। इसमें इतनी शक्ति है कि वह हमारे वायु मंडल के प्रत्येक घन इंच में प्रतिसेकेंड बीस परमाणुओं को और हमारे शरीर में लाखों परमाणुओं को विघटित करता है। हो सकता है कि अंतरिक्ष विकिरण ने ही बंदरों को मनुष्य में परिवर्तित किया हो।'

—जेम्स जींस

इस विकिरण की तीव्रता विश्व के विभिन्न भागों में एक-सी होती है। उदाहरणार्थ—ब्रिटेन, ऑस्ट्रेलिया और न्यूजीलैंड के दक्षिण ध्रुव अभियान के सदस्यों ने दक्षिणी चुंबकध्रुव से 250 मील के क्षेत्र में उस विकिरण को उतना ही प्रबल पाया जितना कि ध्रुवों से बहुत दूर के प्रदेशों में पाया गया था। इससे यह सिद्ध होता है कि अंतरिक्ष विकिरण विकिरण ही हैं, इलेक्ट्रॉन की बौछार मात्र नहीं हैं।

पैसेडेना के प्रोफेसर मिलिकान तथा उनके साथियों ने इस विकिरण की वेधन क्षमता का अध्ययन किया है। इससे यह ज्ञात हुआ कि यह विकिरण विभिन्न वेधन क्षमतावाले अनेक 'फोटानों' (Photons) का मिश्रण है।

पृथ्वी पर पड़नेवाले इस विकिरण की मात्रा बहुत अधिक होती है। मिलिकान तथा कैमरान के अनुसार यह मात्रा सूर्य को छोड़कर आकाश के सभी पिंडों से मिलनेवाले समस्त विकिरण का लगभग 1/10 है। आकाश गंगा से परे अंतरिक्ष की गहराई में से अत्यधिक वेधन क्षमतावाले विकिरण की मात्रा उतनी ही प्रचुर होगी जितनी कि पृथ्वी के तल पर।

इस प्रकार यह मानना पड़ता है कि अंतरिक्ष उन विकिरणों से भरा पड़ा है जो इस संसार की सृष्टि के आदिकाल से लेकर अब तक उत्पन्न हुए होंगे।

इस तरह यह भौतिक विश्व दो प्रकार की तरंगों से पूर्ण है—बँधी हुई तरंगें जिन्हें हम 'पदार्थ' कहते हैं तथा मुक्त तरंगें जिन्हें हम 'विकिरण' या 'प्रकाश' कहते हैं।

ये विकिरण पदार्थ की संरचना बताने में सहायक हैं। फलत: इनके अध्ययन के लिए भौतिकविदों ने पहाड़ों के ऊपर प्रयोगशालाएँ स्थापित की हैं। वे ऊँची उड़ान भरनेवाले यानों, गुब्बारों तथा अन्वेषिकाओं (Probes) के द्वारा इन विकिरणों को पकड़ने की ताक में हैं।

किंतु भारतीय वैज्ञानिक डॉ. डी.लाल तथा एन. भंडारी ने चंद्रमा से प्राप्त शैल खंडों के नमूनों का विश्लेषण करते हुए पाया है कि चांद्र पदार्थ के क्रिस्टलों में किसी कण की दीर्घ लीकें (Tracks) (अनुवर्तन एक मि.मी. लंबी) हैं। तो ये लीकें किन कणों ने छोड़ी होंगी ? संभव है कि अंतरिक्ष के परायूरेनियम तत्त्वों के नाभिकीय विखंडन से ये उत्पन्न हुई हों। कहीं यह उस काल्पनिक कण के कारण तो नहीं है जिसकी भविष्यवाणी पॉल डिरैक ने की थी और जिसका नाम 'मोनोपोल' (एकलध्रुव) (Monopole) रखा था। किंतु आज तक कोई मनुष्य मोनोपोल नहीं बना सका—चुंबक के दोनों ध्रुवों को विलग नहीं कर सका। डिरैक के अनुसार मोनोपोल में इलेक्ट्रॉन की तुलना में सत्तर गुना आवेश होना चाहिए। इस आधार पर अंतरिक्ष विकिरण की अपार ऊर्जा की विवेचना की जा सकती है।

चंद्रमा ऐसी प्रयोगशाला है जहाँ अंतरिक्ष विकिरणों का अंकन होता रहा है।

कॉस्मिक किरणें

इनका उद्‌गम हमारी मंदाकिनी के भीतर होना चाहिए। इन किरणों का अधिकतम जीवन बीस लाख वर्ष है।

ऐसा लगता है कि कुछ तारों मे जो आणविक विस्फोट हुआ उसीसे ये उद्‌भूत हुईं।

पुराने तारे लौह परमाणुओं में धनी होते हैं। वे एक ऐसी अवस्था प्राप्त करते हैं जब वे फूट जाते हैं और तब ये तमाम कण तथा विद्युत् चुंबकीय विकिरण तथा प्रकाश का विमोचन करते हैं। ये विस्फोट न्यूट्रॉन प्रग्रहण (Capture) प्रक्रम से होते हैं। न्यूट्रॉन भारी नाभिकीय कण हैं, जिनमें कोई आवेश नहीं होता (इसीलिए यह नाम रखा गया) और ये परमाणुओं के नाभिक के बाहर विचरण कर सकते हैं; किंतु ये परमाणुओं के नाभिकों द्वारा सोखे या बंदी (प्रग्रहण) बनाए जा सकते हैं। इससे परमाणु अस्थिर हो जाते हैं, इसलिए परमाणु के नाभिक ऊर्जा का उन्मोच

करते हैं जो एल्फा कणों, प्रोटॉनों, न्यूट्रॉनों तथा लघु तरंग दैर्ध्यवाले विकिरण (गामा किरणों) के रूप में होती है। भारी कॉस्मिक किरणें माइका तथा प्लास्टिक को नुकसान पहुँचाती हैं।

विस्फोट करनेवाला तारा अधिनव तारा या सुपरनोवा (Supernova) कहलाता है। सर्वाधिक प्रसिद्ध सुपरनोवा क्रैब नेबुला है, जिसे 1054 में चीन में देखा गया।

इससे निकली किरणों की ऊर्जा 10^9 Gev (गीगा इलेक्ट्रॉन वोल्ट) है।

$$1 \text{ Gev} = 10^9 \text{ ev}$$

यूरेनियम परमाणु के विखंडन से केवल 200 mev ($1 \text{mev} = 10^6 \text{ev}$) ऊर्जा निकलती है।

कॉस्मिक किरणों की बौछार

1932 में इटली में जनमे भौतिकीविद् ब्रूनो रोसी ने दिखाया कि कॉस्मिक किरण कणों की वर्षा होती है। सीसा की पट्टी से (13 सें.मी. मोटी) यह किरण निकल जाती है। 1938 में ऐसी बौछार वायुमंडल में खोज ली गई।

वास्तव में ये किरणें नवीन मूलभूत कण मेसान (Meson) से युक्त होती हैं, जिसकी खोज 1936 में हुई।

ये 500 मीटर मोटी चट्टान को भेद सकते हैं।

कृष्ण विवर (Black hole)

विशाल तारा ढहकर पल्सार अवस्था से होता हुआ अंततः जिस अवस्था को प्राप्त होता है वह 'कृष्ण विवर' कहलाता है।

कृष्ण विवर न तो छेद होते हैं, न ही ये कृष्ण यानी काले होते हैं। अतः यह नाम अटपटा है। ये तो तारों के भग्न रूप हैं, उनके खंडहर हैं।

जब विशाल द्रव्यमान संकुचित होकर अति लघु आकार धारण कर लेता है तो उसका घनत्व उच्च हो जाता हैं, जिससे इसमें गुरुत्वाकर्षण इतना अधिक होता है कि आइंस्टाइन के आपेक्षिकता सिद्धांत के अनुसार यह निकट की हर वस्तु को, यहाँ तक कि प्रकाश को भी, चूस ले—अपने में उदरस्थ कर ले। यह कभी दिखता नहीं, क्योंकि प्रकाश, पदार्थ या सिग्नल—कोई भी इसके गुरुत्वाकर्षण से बचकर जा नहीं सकता, इसीलिए यह नाम पड़ा।

कोई भी गोल सम्मित पिंड जिस क्रांतिक त्रिज्या पर कृष्ण विवर बन जाता है उसे 'श्वार्जचाइल्ड त्रिज्या' (Rs) कहते हैं।

$$R_s = 2\,GM/C^2$$

जहाँ G = गुरुत्वाकर्षण स्थिरांक, M= पिंड का द्रव्यमान तथा C= प्रकाश वेग होता है।

सूर्य के लिए यह त्रिज्या दो मील, पृथ्वी के लिए 0.4 इंच है।

यदि कोई अभागा अंतरिक्ष यान कृष्ण विवर में पहुँच जाए तो कृष्ण विवर उसे अपने भीतर खींच लेगा और अंतरिक्ष यान खंड-खंड हो जाएगा।

अजगर-सा है कृष्ण विवर

कृष्ण विवर अंतरिक्ष का ऐसा परिसर है जिसमें पदार्थ प्रवेश तो कर सकता है, लेकिन किसी भी भौतिक प्रक्रिया द्वारा उससे बाहर नहीं निकल सकता। जैसे—अजगर के मुँह से निगले हिरन नहीं निकल पाते।

पदार्थ की कितनी भी मात्रा क्यों न हो, कृष्ण विवर का पेट (भीतरी आयतन) पूरी तरह भर नहीं पाता। कृष्ण विवर की तृष्णा दुष्पूर होती है। उसके उदर में सबकुछ स्वाहा हो जाता है। हाँ, कृष्ण विवर के भीतर यदि सारा ब्रह्मांड डाल दिया जाए तो उसके घटना-क्षितिज की सीमा जरूर हो जाएगी। तब भी वह कृष्ण विवर ही रहेगी।

यदि कोई मनुष्य कृष्ण विवर की चपेट में आ जाए तो केंद्र में पहुँचने के पूर्व ही उसके भीषण गुरुत्वीय तरंगों से वह चकनाचूर हो जाएगा। ज्यों-ज्यों वह मनुष्य कृष्ण विवर की ओर बढ़ेगा, उसकी घड़ी सुस्त पड़ जाएगी, यहाँ तक कि हृदय की धड़कन भी धीमी हो जाएगी। इस तरह एक क्षण का बीतना सदियों जितना लगेगा।

सौ करोड़ विवरोंवाली आकाश गंगा

आकाश गंगा में लगभग सौ करोड़ विवर पहले से ही वर्तमान हैं। अंतरिक्ष में अदृश्य रूप में बिखरे हुए असंख्य कृष्ण विवर सृष्टि रचना के आदि बीज हैं।

अंतरिक्ष के प्रकाश स्तंभ : पल्सार

ये संभवत: न्यूट्रॉन तारे हैं। ये लघु तारे हैं, जिनका व्यास कुछ किलोमीटर होता है; किंतु इनका द्रव्यमान हमारे सूर्य के द्रव्यमान से भी अधिक होता है। ये अत्यधिक गति से नाच रहे हैं। ये अंतरिक्ष में प्रकाश स्तंभों की भाँति कार्य करते हैं। इसकी खोज 1967 में हुई। आज तक इकतीस पल्सारों की खोज हो चुकी है। इनकी स्पंद दर (Pulse rate) घटती जा रही है। क्रैब पल्सार की आयु एक हजार वर्ष आँकी

गई है, किंतु अधिकांश पल्सार इससे एक हजार गुने पुराने हैं।

पल्सारों से 0.1–7 मीटर तरंग दैर्ध्य के सिगनल निकले हैं। अधिकांश पल्सार हमसे 100–10000 प्रकाशवर्ष दूर हैं।

पल्सार, न्यूट्रॉन तारा तथा कृष्ण विवर एक-दूसरे से संबद्ध विषय हैं और अति गूढ़ हैं।

अंतरिक्ष के बिजलीघर क्वासर

आकाशीय पिंडों में सबसे अधिक पेचीदे हैं क्वासर (Quasars)। ये सामान्य फोटोग्राफ में धूमिल तारों की तरह दिखते हैं। इनका आकार अपेक्षातया लघु है।

ये लगभग एक प्रकाशवर्ष जितने विस्तार के होते हैं। (हमारे सौरमंडल से अधिक बड़े नहीं) किंतु इनकी चमक करोड़ों सूर्योंवाली सैकड़ों मंदाकिनियों से भी अधिक होती है।

ये हमसे दूर भाग रहे हैं और शायद अभी तक ज्ञात सारे आकाशीय पिंडों से दूरस्थ हैं। ये लगभग 6,000 लाख मील प्रतिघंटे की चाल से भाग रहे हैं। ये हमसे हजारों लाख प्रकाशवर्ष की दूरी पर हैं। ये विकासमान मंदाकिनियाँ हैं।

संभवतः ये कृष्ण विवर जैसे हैं, जिसका द्रव्यमान केंद्र में कई बिलियन सूर्यों के द्रव्यमान के तुल्य है। यह गैस को भीतर की ओर चूसता है।

कृष्ण विवरों को आकाश में 'भीमकाय शून्य सफाई करनेवाला' (Giant vacuum cleaner in sky) कहा गया है।

क्वासर को अंतरिक्ष की मृगमरीचिका क्यों कहा गया?

द्विगुण क्वासार की खोज 1979 में की गई। ये दो क्वासर बहुत ही पास स्थित हैं। ये जुड़वाँ जैसे दिखते हैं, किंतु प्रकृति में इस तरह का साम्य नहीं मिलता। तब तो यह दृष्टिभ्रम है, मृगमरीचिका (Space Mirage) है। यह कोई आश्चर्य की बात नहीं।

तारा विश्व या आकाश गंगा विश्व

आकाश में तारों के समूह विविध आकार के लगते हैं—कुछ हल की तरह के, कुछ हँसिया जैसे, कुछ साँप जैसे, कुछ नदी जैसे। इन तारा समूहों के अलग-अलग नाम हैं—यथा पारिजात, मिरा, सर्पधर, शीर्ष आदि।

आकाश में कुल ऐसे अट्ठासी तारामंडलों की पहचान की जा चुकी है। इनमें से अड़तालीस तारामंडल यूनान, मिश्र, बेबीलोनिया तथा भारत के ज्योतिषियों को ज्ञात थे। ये सारे तारामंडल तथा इनके तारे एक बहुत ही विशाल तारा विश्व (Star Universe) बनाते हैं। यही तारा विश्व आकाश गंगा विश्व है। यह फूली हुई पूड़ी के आकार का है। इसके एक सिरे से दूसरे सिरे की लंबाई 1,00,000 प्रकाशवर्ष है और मोटाई 20,000 प्रकाशवर्ष है। सूर्य मंडल का विस्तार मात्र बारह प्रकाशघंटे का है। इस गणना की तुलना में आकाश गंगा विश्व की विराट्ता का अंदाज लगाया जा सकता है।

इस आकाश गंगा विश्व में तारे एक-दूसरे से बहुत दूरी पर हैं—इतनी दूरी पर दो तारों के बीच लाखों तारे समा जाएँ। समस्त आकाश गंगा विश्व सूर्य जैसे दस खरब तारों से बना है। इसमें इतना रिक्त स्थान है कि करोड़ों तारे समा जाएँ।

अत: आकाश को जो 'शून्य' कहा गया है वह बिलकुल सही है।

यह प्रश्न उठाया जा सकता है कि इस आकाश गंगा विश्व के पार क्या है? इस आकाश गंगा विश्व के पार उसके जैसे अन्य अनेक तारा विश्व हैं। इन सबको आँखों से देख पाना संभव नहीं। देवयानी नीहारिका (मेसियर-31) के तेज को हम तक पहुँचने में पंद्रह लाख वर्ष लग जाते हैं।

तारागुच्छों तथा नेबुलाओं (नीहारिकाओं) का कैटलॉग

फ्रेंच खगोलविद् चार्ल्स मेसियर (Charles Messier) ने 1782 में पहला सूचीपत्र प्रकाशित किया। इसमें चमकीले तारों को निश्चित संख्याएँ प्रदान की गई हैं। उदाहरणार्थ, ऐंड्रोमेडा नेबुला जिसे अब मंदाकिनी भी कहते हैं 'मेसियर-31' या 'M-31' के द्वारा प्रदर्शित किया जाता है।

1783 में इंग्लैंड में विलियम हर्शेल तथा उसके बाद उसके पुत्र जॉन हर्शेल ने उत्तरी तथा दक्षिणी गोलार्द्ध के तारों का अध्ययन करके पाँच हजार नेबुलाओं तथा तारासमूहों का सूची पत्र General Catalogue के नाम से प्रकाशित किया।

आयरलैंड के जॉन एल.ई.ड्रेयर ने New General Catalogue (NGC) छापा, जिसमें सात हजार आठ सौ चौदह तारापुंजों के चित्र थे। इसमें M-31 के लिए NGC-224 संख्या प्राप्त है। अब तक कुल मिलाकर तेरह हजार नेबुलाओं तथा तारागुच्छों का चित्रण हो चुका है।

अमेरिकी खगोलविद् हॉर्लो शैपले तथा ऐडलेड ऐम्स ने 1932 में हार्वर्ड

कॉलेज वेधशाला से एक हजार दो सौ उनचास मंदाकिनियों को स्थान दिया।

तारागुच्छों की प्रभा (Brightness) के अनुसार अठारह से अधिक कोटियाँ हैं, जिनमें प्रथम छह अंक तक की प्रभावाले तारासमूह कोरी आँखों से देखे जा सकते हैं। इस तरह अठारह प्रभावाली दस लाख मंदाकिनियाँ हैं।

मंदाकिनी क्या है?

लाखों करोड़ों तारों तथा गैस और धूल के विशाल समूह को, जो गुरुत्वाकर्षण शक्ति द्वारा अंतरिक्ष में एक-साथ बँधे हैं, 'मंदाकिनी' (Galaxy) कहा जाता है। उदाहरणार्थ, आकाश गंगा (Milky way) वह मंदाकिनी है जिसमें हमारा सूर्य तथा हमारे आकाश के सारे दृश्य तारे सम्मिलित हैं।

मंदाकिनी में सूर्य की स्थिति (तीर से प्रदर्शित)

संपूर्ण आकाश गंगा में एक सौ बिलियन तारे हैं और ये तारे अंतरिक्ष में एक-दूसरे से काफी दूरी पर हैं। यथा—लगभग पाँच प्रकाशवर्ष (30 ट्रिलियन मील) दूर।

हमारा सूर्य विशाल आकाश गंगा के भीतर स्थित है, इसलिए हम इस आकाश गंगा का चित्र बाहर से नहीं ले सकते। इसके लिए दूरस्थ मंदाकिनियों का चित्र लेते हैं और उसीसे उसके स्वरूप का पता चलाते हैं।

फिर भी यदि हम अंतरिक्ष में बहुत दूरी पर जाकर अपनी आकाश गंगा को निहारें तो यह चमकीले 'चाक' (Spiral) की तरह दिखेगी, जिसकी आर-पार दूरी 1,00,000 प्रकाशवर्ष होगी।

हमारी पृथ्वी इस चाक के एक सिरे पर स्थित है और हमारा सूर्य इस चाक केंद्र से 30,000 प्रकाशवर्ष दूर है।

पूरी आकाश गंगा अंतरिक्ष में उलट-पुलट रही है—कुलाँचें लगा रही है।

हमारे सूर्य को इस आकाश गंगा के केंद्र के चारों ओर एक परिक्रमा लगाने में 200 मिलियन वर्ष लग जाते हैं।

आकाश गंगा का संभावित भार

यदि यह मान लिया जाए कि संपूर्ण आकाश गंगा का भार हमारे सूर्य जैसे तारे में सांद्रित है तो यह सूर्य के भार का 100 बिलियन गुना होगा।

चूँकि सूर्य का भार 1.99×10^{33} ग्राम है इसलिए आकाश गंगा का भार

$$= 100 \text{ बिलियन} \times 1.99 \times 10^{33} = 2 \times 10^{44} \text{ ग्राम}$$

किंतु ऐसा अनुमान है कि यह भार 400 बिलियन गुना है।

तारों के बीच का अवकाश

यह एक तरह से रिक्त है और 'अंतरतारकीय माध्यम' (Interstellar space) कहलाता है। यह निर्वात से भी कम सघन है। इस माध्यम में 99% गैस (हाइड्रोजन) है और एक प्रतिशत धूल है।

यह अंतराकाशीय पदार्थ ही नए तारों तथा ग्रहों का कच्चा माल है।

आकाश गंगा की आयु

यह पंद्रह बिलियन वर्ष आँकी गई है और तभी हमारा ब्रह्मांड बना। अतः ब्रह्मांड की आयु भी इतनी ही हुई।

नेबुला (नीहारिका) तथा मंदाकिनी या आकाश गंगा में अंतर

'नेबुला' (Nebula) लैटिन शब्द है जिसका अर्थ बादल है। हिंदी में इसे 'नीहारिका' कहा गया है। ये हैं मंदाकिनियाँ ही। आकाश के सारे धूमिल क्षेत्रों के लिए इसका प्रयोग किया गया। इसके अंतर्गत तारागुच्छ (Clusters) तथा मंदाकिनियाँ आती हैं। आज भी मंदाकिनी या आकाश गंगा के लिए इस शब्द का प्रयोग होता है।

रेडियो तरंगों के द्वारा इनका अध्ययन किया जाता है, क्योंकि ये तरंगें इन बादलों को पार कर सकती हैं।

मंदाकिनी (Galaxy) की सर्पिल संरचना का पता 21 सें.मी. तरंग दैर्ध्यवाली रेडियो तरंगों से ज्ञात किया गया। यह तरंग दैर्ध्य उदासीन हाइड्रोजन परमाणुओं द्वारा उत्सर्जित होती है।

आजकल अवरक्त (Infra Red) तथा उच्च ऊर्जा विकिरणों का प्रयोग मंदाकिनियों के अध्ययन के लिए किया जा रहा है।

1924 में एडबिन हुबल ने सिद्ध किया कि तथाकथित कुछ नेबुला वास्तव मे सुदूर मंदाकिनियाँ हैं।

हमारा विश्व मंदाकिनियों से परिपूर्ण है

अनुमान है कि ब्रह्मांड में 100 बिलियन मंदाकिनियाँ हैं, जिनमें से हर मंदाकिनी में 100 बिलियन से अधिक तारे हैं।

कुछ मंदाकिनियाँ आँख से दिखती हैं। फर्डिनैंड मैगेलन ने अपनी विश्व यात्रा में सोलहवीं सदी में ऐसी मंदाकिनियाँ देखीं।

निकटतम मंदाकिनी

ऐंड्रोमा (M-31, NGC-224) सबसे निकटवर्ती मंदाकिनी है और यह हमारी आकाश गंगा से मिलती-जुलती है। ऐंड्रोमा लगभग बीस लाख प्रकाशवर्ष दूर है।

हमारी आँखें इतनी दूर तक देख सकती हैं!

ऐंड्रोमा तथा हमारे बीच कितनी आकाश गंगाएँ आ सकती हैं?

उत्तर होगा बीस (20)। सो कैसे?

$$\text{हल : } \frac{\text{ऐंड्रोमा नीहारिका की दूरी} = 20{,}00{,}000 \text{ प्रकाशवर्ष}}{\text{आकाश गंगा का व्यास} = 1{,}00{,}000 \text{ प्रकाशवर्ष}} = 20$$

तरह-तरह की मंदाकिनियाँ

ये कई प्रकार की होती हैं—(1) अंडाकार, (2)सर्पिल, (3) टेढ़ी-मेढ़ी।

रेडियो-मंदाकिनियाँ

ये सक्रिय मंदाकिनियों में सबसे वृहद् मंदाकिनियाँ हैं, जो रेडियो तरंग दैर्ध्यों के रूप में प्रभूत मात्रा में ऊर्जा उत्सर्जित करती हैं।

यदि हमारी आकाश गंगा किसी अन्य मंदाकिनी से टकरा जाए तो?

कुछ नहीं होगा। बात यह है कि मंदाकिनियों के भीतर तारे एक-दूसरे से इतनी दूरी पर रहते हैं कि उनके तारों के बीच किसी तरह की टक्कर संभव नहीं।

मंदाकिनियाँ हमसे दूर भागी जा रही हैं

माउंट विलसन वेधशाला में किए गए प्रेक्षणों के अनुसार मंदाकिनियाँ 40,000 किलोमीटर प्रतिसेकेंड के वेग से हमसे दूर भाग रही हैं।

पैलोमर पर्वत वेधशाला की बृहत्तर दूरबीन से यह वेग और अधिक 61,000 किलोमीटर प्रतिसेकेंड पाया गया। यह वेग प्रकाश वेग का 1/5 है।

किन्हीं मंदाकिनियों का वेग 1,50,000 किलोमीटर प्रतिसेकेंड पाया गया, जो प्रकाश वेग का 1/2 है।

आकाश गंगा कोई नदी नहीं है

अगर हमारे पूर्वज कहीं से दूरबीन पा जाते तो वे असंख्य तारोंवाली पट्टी को आकाश गंगा यानी आकाश की नदी न कहते। यह तो दृष्टि-भ्रम है। सामान्यतया दूरस्थ तारे धुँधले और निकटवर्ती तारे स्पष्ट दिखते हैं। आकाश गंगा में दोनों तरह के तारे होने से धुँधला चित्र नदी के प्रवाह-सा लगने के कारण ही यह नाम पड़ा होगा।

कहा जाता है कि कोई देवी अपने बच्चे को दूध पिला रही थी तो दूध छलक गया। वह दूध की धारा के रूप में दिखने लगी। इसलिए पुराने लोगों ने यह नाम Milky way यानी 'दूध की पगडंडी' रखा। आकाश गंगा तो हमारे ऋषियों-मुनियों द्वारा सुझाया गया नाम है।

अब कृष्ण मंदाकिनियाँ भी

अंतरिक्ष में बिखरे हुए कृष्ण विवर (Black holes) गुजरनेवाले प्रकाश को अपने विराट् गुरुत्वाकर्षण के कारण कैद कर लेते हैं। अतः काल भी कैद हो जाता है।

अब पता चला है कि अंतरिक्ष में कृष्ण मंदाकिनियाँ फैली हुई हैं। वे दिखाई नहीं पड़तीं, क्योंकि वे प्रकाश को पी लेती हैं। लगभग पंद्रह वर्ष पूर्व वैज्ञानिकों ने जब गणना करनी शुरू की तो पता लगा कि तमाम मंदाकिनियों को परस्पर संतुलित रखने के लिए जितने गुरुत्वाकर्षण की जरूरत है उतना गुरुत्वाकर्षण इन मंदाकिनियों में नहीं है। अंतरिक्ष में जितना गुरुत्वाकर्षण है उसका दशमांश ही सभी मंदाकिनियों के फलस्वरूप है। तो फिर 90% गुरुत्वाकर्षण किसका है ? स्पष्ट है कि अंतरिक्ष में कुछ ऐसा है जो अदृश्य है। अतः जहाँ कृष्ण विवरों का अस्तित्व है तो फिर कृष्ण

मंदाकिनियाँ क्यों नहीं ? इन मंदाकिनियों के कण भी हैं, जो अंतरिक्ष में भटक रहे हैं और इन्हें न्यूट्रिनों कहा गया है। ये प्रकाश का चूषण करते चलते हैं, अत: दृष्टिगोचर नहीं होते। ये किसी भी ग्रह, उपग्रह, तारे के आर-पार निकल जाते हैं। ये पृथ्वी पर लगातार आते हैं।

हो सकता है कि ये कृष्ण मंदाकिनियाँ दृश्य मंदाकिनियों को पचा जाएँ। इस तरह अंतरिक्ष में एक मंदाकिनी दूसरी को निगलती रहती है।

रात में अंधकार क्यों?

चूँकि पृथ्वी तथा दूर भागती मंदाकिनियों की दूरी बढ़ती जाती है, इसलिए बादवाले फोटान को पहलेवाली की अपेक्षा अधिक दूरी तय करना होता है और कम संख्या में फोटान पृथ्वी पर पहुँचते हैं, जिससे ऊर्जा का स्तर भी घटता जाता है। इस तरह विकिरण अपनी ऊर्जा खो देता है, जिससे रात में आकाश अंधकारमय दिखता है।

यदि वृहद् मंदाकिनी संकुचित हो तो क्या होगा?

उस स्थिति में लाल विस्थापन के बजाय बैंगनी विस्थापन दिखेगा, जिससे आकाश की चमक (प्रभा) बढ़ जाएगी। तब ब्रह्मांड में जहाँ हम रह रहे हैं कोई जीवन नहीं रहेगा। स्पष्ट है कि हम एक प्रसरणशील वृहद् मंदाकिनी में निवास कर रहे हैं। प्रसरण की प्रारंभिक अवस्था तथा संकुचन की अंतिम अवस्थाओं में जीवन की आशा करना व्यर्थ है।

अधिक ऊँचाई पर आकाश काला क्यों?

200-300 किलोमीटर की ऊँचाई पर, जहाँ पर अंतरिक्ष यान उड़ते हैं, आकाश पूर्णतया काला दिखता है। यहाँ तक कि जब सूर्य चमक रहा हो तब भी आकाश काला दिखता है।

प्रथम अंतरिक्ष यात्री यूरी गैगरिन ने लिखा है, 'आकाश पूरी तरह काला है। इस पृष्ठभूमि में तारे अधिक चमकीले दिख रहे हैं।' तो भी सारे तारे नहीं दिखते, केवल बड़े ही; क्योंकि सूर्य का चकाचौंध करनेवाला प्रकाश तथा पृथ्वी का प्रकाश दृष्टि को धुँधला बनाते हैं।

क्या रात्रि को समाप्त किया जा सकता है?

रात इसलिए होती है कि सूर्य पृथ्वी के गोले के आधे भाग को ही दीपित करता

है, जहाँ दिन होता है—शेष आधे में रात रहती है।

रात को समाप्त करने के विषय में लोगों ने कई प्रकार के प्रस्ताव रखे हैं—

1. कृत्रिम पृथ्वी-उपग्रह पर हाइड्रोजन सूर्य रखा जाए। यह प्रकाश तथा उष्मा के स्रोत का कार्य करेगा। इस उपग्रह की कक्षा इस तरह नियमित की जाएगी कि जहाँ रात है वहीं प्रकाश पड़े। किंतु हाइड्रोजन सूर्य का अभिकल्पन और उसे कृत्रिम उपग्रह पर रख पाना असंभव होगा।

2. विशिष्ट अंतरिक्ष यान से असंख्य धूल कण निम्नतर वायुमंडल से इंजेक्ट किए जाएँ, जो सूर्य प्रकाश को इधर-उधर बिखेर देंगे जिससे रात न हो पाएगी।

किंतु रात्रि को समाप्त करने का अर्थ होगा कि पृथ्वी पर आनेवाली सौर ऊर्जा बढ़ जाएगी, जिससे जलवायु बदल सकती है। फिर पृथ्वी के जीवों ने अपने को रात-दिन के हिसाब से अनुकूलित कर रखा है। फिर भी ऐसा समय आ सकता है जब मनुष्य रात समाप्त करने का प्रयास करे।

यदि तारे न हों तो?

मान लीजिए कि आकाश बादलों से घिरा रहे तो तारे नहीं दिखेंगे। हमारा पड़ोसी शुक्र ग्रह मोटे बादलों से घिरा हुआ है। यदि भविष्य में हमें वहाँ रहना पड़े तो कैसा लगे? किंतु हम पृथ्वी पर सूर्य, नीला आकाश, तारे देखना चाहेंगे। मान लीजिए कि आकाश सदैव अंधकारमय हो जाए तो शायद हमारा हँसना दूभर हो जाए। समय का ज्ञान रात में तारों से, दिन में सूर्य से होता आया है। हमारे पंचांग तारों की गति के अनुसार बने हैं। यदि हमेशा बादल छाए रहते तो ऐसा संभव न था। शायद ब्रह्मांड या अंतरिक्ष के वास्तविक स्वरूप का पता भी न चल पाता। आपेक्षिकता का सिद्धांत खगोल संबंधी आँकड़ों पर निर्भर है—विशेषतया प्रकाश के वेग पर, तारों के प्रकाश पर। बादल से घिरे ग्रह की सभ्यता उसी तरह होती है जैसेकि जन्मांध बच्चे के रूप में मनुष्य का जन्म। प्रकाश को दूरस्थ लोकों का दूत कहा गया है।

क्या भूतकाल की यात्रा संभव है?

क्या काल की सामान्य गति को उलट पाना संभव है? अमेरिकी विज्ञान गल्प लेखक आइजक ऐसिमोव ने काल में यात्रा करने के परिणामों का उल्लेख किया है। एक संघटन है जो काल यात्रा प्रविधि जानता है और वास्तविकता को ठीक करने में लग जाता है। इतिहास में दुकाल आने पर विशेषज्ञ इसका अध्ययन करके कारण ढूँढ़ते हैं और उनको इस तरह बदलते हैं कि दुकाल आ ही नहीं पाता। तदनुसार

मनुष्य की स्मृति बदल जाती है और पुरानी घटनाएँ मस्तिष्क से मिट जाती हैं।

किंतु भौतिकी इसका निषेध करती है, जिस तरह सतत गतिशील यंत्र का निषेध करती है। किसी भौतिक तंत्र की कोई घटना सिद्धांतत: भूतकाल की घटना को प्रभावित नहीं कर सकती, वह केवल भावी घटना को प्रभावित कर सकती है। इसलिए भूतकाल की यात्रा संभव नहीं है।

प्रकाश से भी तीव्रतर टैकियान

आपेक्षिकता सिद्धांत के अनुसार प्रकाश का वेग ब्रह्मांड का सीमाकारी वेग है। पर क्या वर्तमान सिद्धांत के अनुसार प्रकृति में इस वेग से भी बढ़कर कोई वेग हो सकता है? आपेक्षिकता सिद्धांत के अनुसार मूलभूत वेग C है, जो संभव अधिकतम वेग है और इससे बढ़कर किसी पिंड का वेग नहीं हो सकता। तो फिर प्रकाश के वेग से अधिक वेग का क्या अर्थ हुआ?

विभिन्न संदर्भों के साथ एक ही पदार्थ का वेग एक-सा नहीं रहता। वह एक संदर्भ में विश्राम अवस्था में हो सकता है, दूसरे संदर्भ में मंद गति से चल सकता है या फिर तेजी से चल सकता है। न्यूटन की यांत्रिकी में एक ऐसा वेग है जो सभी संदर्भों में एक-सा रहता है और यह 'अनंत उच्च वेग' है। यह सीमाकारी वेग है। किंतु किसी भी वास्तविक पदार्थ का निश्चित वेग होना चाहिए। न्यूटन की यांत्रिकी में गतिमान पिंडों का वेग असीम रूप से उच्च हो सकता है। आपेक्षिकता सिद्धांत में यह असीमित उच्च वेग ही मूलभूत वेग C है, जो प्रकाश का वेग है। इस सिद्धांत के अनुसार द्रव्यमान तथा ऊर्जा में कोई विस्थापन तथा बलों की परस्पर क्रिया का संचरण प्रकाश वेग से अधिक वेग से नहीं हो सकता।

जिन पिंडों का द्रव्यमान विश्रामावस्था में शून्य नहीं होता वे प्रकाश वेग से कम गति कर सकते हैं, किंतु जिनके द्रव्यमान विश्रामावस्था में शून्य हैं (जैसे फोटान तथा न्यूट्रिनों) वे ही प्रकाश वेग से गति कर सकते हैं।

जिस गति से मंदाकिनियों के बीच की दूरी बदलती है वह भले ही प्रकाश के वेग से उच्च जान पड़े, किंतु इसे भौतिक पिंडों की चाल की गति नहीं कह सकते।

किंतु हाल ही में कुछ वैज्ञानिक मानने लगे हैं कि ऐसे 'सुप्रालाइट' (अतिप्रकाश) कणों की संभावना है जिन्हें 'टैकियान' (Tachyons) कहा गया है। ये तीसरे प्रकार के कण होंगे। पहले प्रकार के कण वे हैं (मूलभूत कण) जिनका वेग प्रकाश वेग तक नहीं पहुँच पाता, दूसरे प्रकार के कण फोटान हैं जिनका वेग प्रकाश के तुल्य है और तीसरे प्रकार के कण टैकियान होंगे जो प्रकाश वेग से भी

अधिक वेगवाले होंगे। यदि इनकी उपस्थिति स्वीकार कर ली जाए, तब तो भूतकाल में जाना संभव हो सकता है।

किंतु विज्ञान गल्पकार क्षण-भर में ही बड़ी-बड़ी दूरियों को पार करने की बातें करते रहे हैं। यदि तीन विमाओंवाले ब्रह्मांड में चतुर्थ विमा की कल्पना कर ली जाए तो यह संभव है; किंतु आपेक्षिकता नियम का चतुर्थ आयाम (समय) नहीं होगा। इस तरह की कल्पना से क्रांति आ जाएगी।

दिक्-काल की विसंगतियाँ

यदि कोई व्यक्ति अंतरिक्ष यान पर सवार होकर बाह्य अंतरिक्ष की यात्रा प्रकाश के तुल्य वेग से करे और फिर पृथ्वी पर लौटे तो वह देखेगा कि पृथ्वी पर स्थित उसका समवयस्क साथी उसकी अपेक्षा अधिक वृद्ध हो चुका है। इसका कारण आइंस्टाइन के 'सापेक्षवाद' से बतलाया जा सकता है। अंतरिक्ष यान मंद गति से चल रही पृथ्वी की तुलना में तेजी से गति करता है, इसलिए अंतरिक्ष यान में समय मंद गति से बीतेगा। काल के बीतने में यह विसंगति 'काल विस्तारण' (Time dilution) कहलाती है।

'श्रीमदभागवत' में राजा ककुद्मी का वृत्तांत मिलता है। 'एक बार ककुद्मी अपनी पुत्री रेवती को लेकर ब्रह्मलोक गए। ब्रह्माजी गंधर्वों की संगीत सभा में व्यस्त थे। बाद में ब्रह्मा से मिले तो ब्रह्मा ने हँसकर कहा, 'राजन, आपने जिन राजाओं को अपनी पुत्री के लिए पति रूप में चुनने का विचार किया है वे तो काल प्रभाव से दिवंगत हो चुके। इस समय सत्ताईस चतुर्युग बीत चुके हैं। अब उनके नाती-पनाती भी नहीं हैं।' एक चतुर्युग 43,20,000 वर्ष का बताया गया है। इस हिसाब से पृथ्वी के बहुत वर्ष बीत चुके थे।

इसी तरह का प्रसंग ब्रह्म-विमोहन लीला का है। ब्रह्मा ने कृष्ण के साथियों तथा बछड़ों को एक वर्ष के लिए चुरा लिया था, किंतु जब ब्रह्मा लौटे तो कृष्ण वहीं पर मित्रों तथा बछड़ों के साथ खेल रहे थे। ब्रह्मा के अनुसार वे एक क्षण (त्रुटि) बाद ही लौटे थे, यह देखने कि कृष्ण क्या कर रहे हैं। इस तरह पृथ्वी का एक वर्ष ब्रह्मा के एक क्षण का 1/33750 बताया जाता है।

इसी तरह वर्तमान काल में यदि कोई 'कृष्ण विवर' में पहुँच जाए तो उसका एक क्षण पृथ्वी के दर्शक को लाखों वर्ष का लगेगा और वह मर चुका होगा।

□

अध्याय 4

अंतरिक्ष और हमारा सौर परिवार

हमारा सौर परिवार : कितना विशद है यह!

यदि हम अपने ग्रह पृथ्वी से करोड़ों मील दूरी पर अंतरिक्ष में होते तो हमें अपनी पृथ्वी एक तारे के चारों ओर एक नन्हे गेंद के रूप में घूमती नजर आती। यह तारा हमारा चिर-परिचित सूर्य होता। इतना ही नहीं, हमें सूर्य से विभिन्न दूरियों पर आठ अन्य विभिन्न आकार-प्रकार के गोलाकार पिंड भी दिखते। ये ग्रह हैं, जो सूर्य के चारों ओर प्राय: दीर्घ वृत्ताकार मार्ग में चलते होते। कतिपय ग्रहों के चारों ओर आपको और छोटे-छोटे गेंद दिखते, जो उपग्रह या चंद्रमा होते।

मंगल तथा बृहस्पति—इन दो ग्रहों की कक्षाओं के बीच के स्थान में हजारों क्षुद्रग्रह (Asteroids) भी सूर्य के चारों ओर हमें घूमते नजर आते। इन ग्रहों के मार्गों को काटते हुए हमें कुछ पुच्छल तारे भी दिख जाते। इतना ही नहीं, हमें अंतरिक्ष में

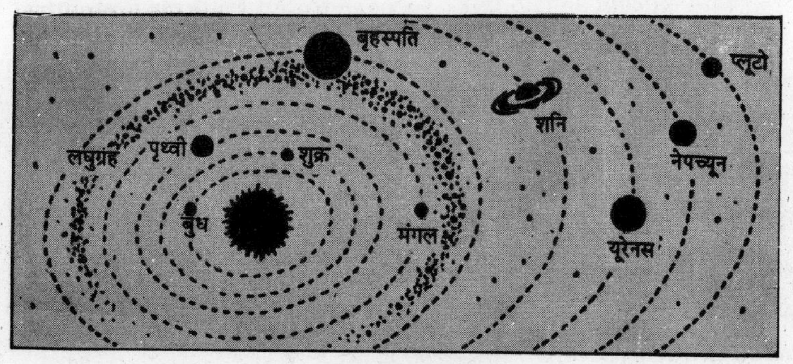

हमारा सौर परिवार

से होकर छोटे-छोटे कणों के झुंड-के-झुंड उल्का पिंडों का भी दृश्य दिख जाता।

ये सारे पिंड—सूर्य, ग्रह, उपग्रह, क्षुद्रग्रह तथा पुच्छल तारे—मिलकर हमारे विशाल सौर परिवार का सृजन करते हैं। महीनों या वर्षों तक प्रेक्षण करते रहने पर तब आपको पता चलता कि ये सारे पिंड एक साथ अंतरिक्ष में एकजुट होकर 19 किलोमीटर प्रतिसेकेंड की चाल से नीले तारे वेगा की दिशा में गति कर रहे हैं।

कितना विचित्र है अंतरिक्ष में स्थित हमारा सौर परिवार, जिसके अंगस्वरूप हमारी धरती ग्रह के रूप में एक सदस्य है—अति महत्त्वपूर्ण सदस्य।

सौर परिवार के सदस्यों की स्थिति

ग्रह क्या हैं?

पृथ्वी जैसी कई पृथ्वियाँ सूर्य के चारों ओर घूम रही हैं जिन्हें 'ग्रह' कहते हैं। इनकी कुल संख्या नौ है—सूर्य से दूरी के अनुसार इनके नाम हैं—बुध (Mercury), शुक्र (Venus), पृथ्वी (Earth), मंगल (Mars), बृहस्पति या गुरु (Jupiter), शनि (Saturn), वारुणी (Uranus), वरुण (Neptune), यम (Pluto)। हमारे धर्मग्रंथों में इन्हीं नौ ग्रहों की पूजा की जाती है। इन ग्रहों में बृहस्पति, शनि, वारुणी तथा वरुण विराट् ग्रह हैं (Giant Planets)। शेष छोटे पाँच ग्रह हैं। ग्रह तारे की अपेक्षा कम द्रव्यमान के तथा अधिक शीतल होते हैं। वे तारे के प्रकाश को परावर्तित करके चमकते हैं, जबकि तारों का अपना प्रकाश होता है।

ग्रहों के आपेक्षिक आकार

यम (प्लूटो) सबसे छोटे व्यास का ग्रह है तथा बृहस्पति सबसे बड़े व्यासवाला है। बृहस्पति का व्यास 89,000 मील (1,42,860 किलोमीटर) है; किंतु तो भी सूर्य की तुलना में यह 1/9 है। यदि सूर्य को 13 सें.मी. व्यास का गोला मानें तो

पृथ्वी — 1.2 मि.मी. व्यास की होगी और सूर्य से 15 मीटर दूर होगी,
चंद्रमा — 0.3 मि.मी. व्यास का होगा और सूर्य से 75 मीटर दूर होगा,
बृहस्पति — 1.2 सें.मी. व्यास का होगा,
प्लूटो — सरसों के तुल्य होगा और सूर्य से 600 मीटर दूर होगा।

सूर्य से सबसे निकट का तारा 4000 कि.मी. दूर होगा (इलाहाबाद से सिंगापुर)।

सरसों के तुल्य दाने पर बैठा मानव दूरबीन लगाए इतने विशाल अंतरिक्ष में ताक-झाँक रहा है।

(13 नवंबर, 1996 को 'खगोल शास्त्र में हमारे बढ़ते कदम' भाषण नेहरू

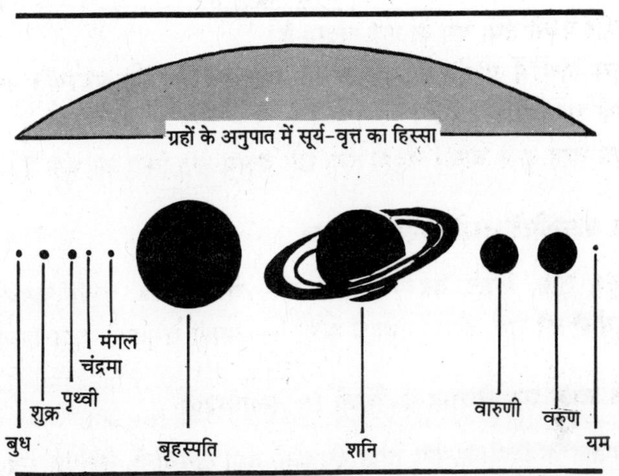

सूर्य तथा ग्रहों के तुलनात्मक आकार

प्लेनेटेरियम में बंगलौर भारतीय खगोल विज्ञान संस्थान के पूर्व निदेशक प्रो. जे.सी. भट्टाचार्य के भाषण से)।

उपग्रह तथा कृत्रिम उपग्रह एक से

पृथ्वी, मंगल, बृहस्पति, शनि, वारुणी तथा वरुण के अपने-अपने उपग्रह हैं, जो उन्हींके चारों ओर घूमते हैं। इन्हें 'चंद्रमा' भी कहते हैं। यम का भी एक उपग्रह बताया जाता है। बुध तथा शुक्र के कोई उपग्रह नहीं हैं।

पृथ्वी का चक्कर लगानेवाले मानवनिर्मित अंतरिक्ष यान कृत्रिम उपग्रह (Satellites) कहलाते हैं। ये उपग्रह उन्हीं प्राकृतिक नियमों का पालन करते हैं जो खगोलीय पिंड करते हैं।

कितने-कितने चंद्रमा हैं विविध ग्रहों के?

सबसे बड़े ग्रह बृहस्पति के सोलह चंद्रमा हैं। इस तरह बृहस्पति के एक लघु सौर परिवार जैसा है।

शनि के सत्रह उपग्रह हैं। इसके साथ तमाम क्षुद्र चंद्रमा भी हैं। वारणी के पंद्रह

चंद्रमा हैं।

वरुण के दो चंद्रमा हैं। मंगल के दो चंद्रमा हैं।

और पृथ्वी तथा यम के एक चंद्रमा है।

इस अर्थ में पृथ्वी सबसे कम भाग्यशालिनी है और बृहस्पति तथा शनि सर्वाधिक भाग्यशाली ग्रह हैं।

इस तरह कुल चौवन चंद्रमा तथा छह वलय ज्ञात किए जा चुके हैं।

अत्यंत चमकीले तारों जैसे पाँच ग्रह

बुध, शुक्र, मंगल, बृहस्पति तथा शनि—ये पाँच ग्रह अत्यंत चमकीले हैं। हमारे पूर्वजों को सूर्य, चंद्रमा तथा ये पाँचों ग्रह अपनी चमक के कारण ज्ञात थे।

ग्रहों के नाम पर सप्ताह के दिनों के नामकरण

सप्ताह के दिनों के नाम रोमन देवताओं तथा देवियों के नाम पर रखे गए।

दिन	अधिष्ठाता ग्रह
रविवार (Sunday)	सूर्य
सोमवार (Monday)	चंद्रमा
मंगलवार (Tuesday)	मंगल
बुधवार (Wednesday)	बुध
बृहस्पति (Thursday)	बृहस्पति
शुक्रवार (Friday)	शुक्र
शनिवार (Saturday)	शनि

हमारे देश में भी ग्रहों के नाम पर दिनों के नाम हैं। सूर्य के नाम रवि, आदित्य, तथा भास्कर हैं। रविवार को 'इतवार' भी कहा जाता है जो आदित्यवार का बिगड़ा रूप है। शनि ग्रह के नाम पर शनिवार पड़ा जो 'सनीचर' भी कहलाता है। (शनैः चर)= धीरे चलनेवाला। शनि ग्रह मंदगामी है।

ग्रहों में भी भेदभाव

बुध, शुक्र, पृथ्वी तथा मंगल के अपने समान भौतिक तथा कक्षीय गुणों के कारण पार्थिव (Terrestrial) ग्रह कहलाते हैं।

बृहस्पति, शनि, वारुणी तथा वरुण एक जैसे हैं और 'दानव' कहलाते हैं। इनमें कई चाँद हैं। यम इन वर्गों से भिन्न है। प्लूटो (यम)को रहस्यपूर्ण कहा गया

कुछ ग्रहों के प्रमुख गुण

अंग्रेजी नाम	ग्रह भारतीय नाम	व्यास कि.मी.	सूर्य से दूरी कि.मी.	परिक्रमा की अवधि	चक्रण अवधि	चंद्रमाओं की संख्या	वायुमंडल
Mercury	बुध	4,862	58,000,000	88 दिन	59 दिन	0	He
Venus	शुक्र	12,190	108,000,000	225 दिन	–242.6 दिन (उलटी गति)	0	CO_2
Earth	पृथ्वी	12,725	149,600,000	365 दिन	23.9 घंटे	1	N_2O
Mars	मंगल	6,780	228,000,000	1.9 वर्ष	24.6 घंटे	2	CO_2
Jupiter	बृहस्पति	142,860	779,000,000	11.9 वर्ष	9.8 घंटे	16+वलय	NH_3, CH_4
Saturn	शनि	120,000	1428,000,000	29.5 वर्ष	10.5 घंटे	17+वलय	NH_3, CH_4
Uranus	वारुणी	50,100	2875,000,000	84 वर्ष	24 घंटे	15+वलय	CH_4, H_2
Neptune	वरुण	48,600	4500,000,000	164.8 वर्ष	22 घंटे	2 वलय	NH_3, CH_4
Pluto	यम	2,400	6000,000,000	248.4 वर्ष	6.39 दिन	1	CH_4

इस तालिका को बार–बार देखने पर ग्रहों के बारे में सार–रूप में जानकारी प्राप्त की जा सकती है।

ये भान New Book of Popular Science, 1, 1981 से लिये गए हैं।

है, क्योंकि अभी इसके विषय में ज्यादा जानकारी नहीं हो पाई। पार्थिव ग्रहों की अपेक्षा दानव ग्रह प्रबलतर गुरुत्ववाले हैं, इसीलिए अधिक चंद्रमा हो सकते हैं।

क्या कोई दसवाँ ग्रह भी होगा?

वैज्ञानिकों ने संभावना व्यक्त की है कि प्लूटो के बाद भी कोई ग्रह हो सकता है।

क्षुद्रग्रहों (Asteroids) की संख्या

मंगल तथा बृहस्पति की कक्षाओं के मध्य तमाम टेढ़े-मेढ़े आकार के चट्टानी पिंड हैं, जो सूर्य की परिक्रमा लगाते हैं। जब कोई क्षुद्रग्रह पृथ्वी के निकट आता है तो लोग दुर्घटना या टक्कर से आशंकित हो उठते हैं; किंतु आज तक ऐसी कोई दुर्घटना नहीं हुई।

यह संभावना है कि पृथ्वी के निकटवर्ती कतिपय धात्विक क्षुद्रग्रहों का उपयोग इक्कीसवीं सदी के अंतरिक्ष निवासी अपनी बस्तियाँ बनाने के लिए इनसे धातु के लिए कच्चा माल प्राप्त करने के लिए करें।

अनुमान है कि कुल क्षुद्रग्रहों की संख्या पचास हजार होगी। ये बड़े ग्रहों के टूटने से बने होंगे। कुछ एक के नाम हैं—सेरेस, वेस्ता, अपोलो।

नक्षत्र तथा राशियाँ

राशियों तथा नक्षत्रों के अनुसार भविष्यवाणी की जाती रही है, जो कि फलित ज्योतिष का महत्त्वपूर्ण अंग है।

आकाश में रविमार्ग (क्रांतिवृत्त) को बारह राशियों में विभक्त किया गया है। वस्तुतः ये विभिन्न आकारवाले नक्षत्र समूह हैं। राशियाँ बारह हैं। वस्तुतः ये प्राचीन बेबीलोनी ज्योतिष से हमारे यहाँ ली गई हैं। मिथुन, कर्क, सिंह, कन्या, तुला, वृश्चिक, धनु, मकर, कुंभ, मीन, मेष तथा वृषभ—ये बारह राशियाँ हैं।

नक्षत्रों की संख्या सत्ताईस या अट्ठाईस है। वैदिक साहित्य में इनके नाम मिलते हैं और इनके नामों के साथ तमाम कथाएँ जुड़ी मिलती हैं। प्रत्येक राशि में कई नक्षत्र आते हैं।

तारों के बीच चंद्रमा की प्रतिदिन की स्थिति ज्ञात है। चंद्रमा पृथ्वी का एक चक्कर सत्ताईस दिन बीस मिनट में लगाता है, इसलिए सभी देशों में चंद्रमा के चक्करों की संख्या सत्ताईस या अट्ठाईस मानकर प्रत्येक भाग के लिए एक चमकीला नक्षत्र निर्धारित किया। इस तरह चंद्रमार्ग के इन सत्ताईस समान भागों को प्राचीन

ज्योतिष में नक्षत्र कहा गया। चीनी, अरबी ज्योतिष में अट्ठाईस नक्षत्रों का प्रचलन रहा है।

नक्षत्र का अर्थ तारा या तारासमूह (तारामंडल) है। सुप्रसिद्ध तारामंडल सप्तर्षि है। मृग मंडल भी अन्य नक्षत्र हैं। सत्ताईस नक्षत्रों की सूची तैत्तिरीय ब्राह्मण में मिलती है। अथर्व संहिता में अट्ठाईस नक्षत्र गिनाए गए हैं।

प्रथम नक्षत्र कृत्तिका था। महाभारत काल में नक्षत्रारंभ श्रवण से होता था। बाद में चित्रा को प्रथम नक्षत्र माना जाने लगा। आज भी किसान इन्हीं नक्षत्रों के आधार पर कृषि-कर्म करते हैं। आजकल समूचे खगोल को अट्ठासी नक्षत्र मंडलों में बाँटा गया है।

भारतीय ज्योतिष में सात वार तथा बारह राशियों का प्रवेश सन् 400 में हुआ। इन्हें यूनानियों तथा रोमवासियों ने अपनाया।

सौर परिवार का मुखिया : सूर्य देव

सूर्य देव नमस्तुभ्यं

सूर्य की एक प्रार्थना है—

'सप्ताश्वरथारूढं प्रचंडं कश्यापात्मजम्।
श्वेतपद्मधरं देवं तं सूर्यं प्रणमाम्यहम्॥'

(सात घोड़ोंवाले रथ पर आरूढ़, हाथ में श्वेत कमल धारण किए हुए प्रचंड तेजस्वी कश्यपकुमार सूर्य को मैं प्रणाम करता हूँ।)

'यन्मण्डलं दीप्तिकरं विशालं रत्नप्रभं तीव्रमनादिरूपम्।
दारिद्रय दु:खक्षयकारणं च पुनातु मां तत्सवितुर्वरेण्यम्॥'

(जो प्रकाश करनेवाला, विशाल रत्नों के समान प्रभावाला, तीव्र अनादि रूप और दु:ख-दारिद्रय के नाश का कारण है, वह सूर्य भगवान् का श्रेष्ठ मंडल मुझे पवित्र करे।)

'प्रकाशितं येन च भूर्भुवः स्वः पुनातु मां तत्सवितुर्वरेण्यम्।'

(जिसने भू:, भुवः और स्वः—इन तीनों लोकों को प्रकाशित किया है वह सूर्य भगवान् का मंडल मुझे पवित्र करे।)

गायत्री मंत्र सूर्य की ही वंदना है—

'ॐ भूर्भुवः स्वः तत्सवितुर्वरेण्यं भर्गो देवस्य धीमहि
धियो यो नः प्रयोदयात्।'

हमारी वैदिक ऋचाएँ तथा परवर्ती साहित्य में भगवान् भास्कर या सूर्य की

अनेक प्रकार से वंदना की गई है।

मिस्र देश में भी सूर्य (रे) की उपासना की जाती थी। 1350 ईसा पूर्व के एक भित्ति चित्र में सूर्य की किरणों को दानशील हाथों के रूप में दिखाया गया था।

सूर्य देव के मुख्य नाम एटॉन, हेलियोस तथा साल हैं। सूर्य अपने आकार, भार, ताप आदि गुणों के कारण आज भी वंदनीय है।

हर वस्तु का केंद्र सूर्य

पौलेंड के खगोलशास्त्री निकोलस कोपर्निकस ने सोलहवीं सदी में पहली बार घोषित किया कि हर वस्तु के केंद्र पर सूर्य है। उन्होंने बतलाया कि पृथ्वी सूर्य की परिक्रमा करती है—सूर्य पृथ्वी की परिक्रमा नहीं करता।

सूर्य हमारा प्राणाधार

सूर्य पृथ्वी का निकटतम तारा है। यह हमें प्रकाश, उष्मा तथा ऊर्जा प्रदान करता है—ये तीनों हमारे जीवनाधार हैं।

निकोलस कोपर्निकस (सन् 1473–1543)

सूर्य का विराट् आकार

सूर्य एक अति विशाल अग्नि का गोला है, ज्वलित गैस का। इसका व्यास 14,00,000 किलोमीटर है, जो पृथ्वी के व्यास से एक सौ गुना अधिक है।

सूर्य का भार 3,33,420 पृथ्वियों के तुल्य है। इतना भार होते हुए भी घनत्व 1.4 है, जबकि पृथ्वी का घनत्व 5.5 है।

चूँकि सूर्य का अधिकांश भाग गैस से बना है—ये गैसें पृथ्वी के वायुमंडल से भी विरल हैं।

सूर्य का गुरुत्वाकर्षण

सूर्य पर मनुष्य का भार काफी अधिक है। विशाल द्रव्यमान (Mass) के कारण

सूर्य की गुरुत्व शक्ति पृथ्वी से अट्ठाईस गुनी प्रबल है।

इसका अर्थ यह हुआ कि यदि पृथ्वी पर किसी मनुष्य का भार एक सौ किलोग्राम हो तो सूर्य पर उसका भार 100 × 28 = 2800 किलोग्राम—लगभग तीन टन होगा। किंतु अपने भार का अनुभव करने के पूर्व ही वह व्यक्ति अत्यधिक ताप से भाप बन जाएगा।

अत: सूर्य देव को व्यक्ति मानकर पूजा जाना कितना सार्थक होगा?

सूर्य का ताप इतना प्रचंड कि पृथ्वी की हर वस्तु को उड़ा दे

सूर्य के केंद्र में 1,40,00,000^0 सेंटीग्रेड ताप होता है, किंतु सतह पर काफी कम 5000-6000^0 सेंटीग्रेड। किंतु इतना कम ताप भी पृथ्वी की हर वस्तु को वाष्पीकृत करने के लिए काफी है।

सूर्य का गर्भ : नाभिकीय शक्ति की भट्ठी

वैज्ञानिकों का कथन है कि पृथ्वी पर पहुँचनेवाले परमाणविक कण न्यूट्रिनों सूर्य के गर्भगृह से ही निकलते हैं। इनमें कोई विद्युत् आवेश नहीं होता। ये प्रकाश गति से चलनेवाले भारहीन कण हैं।

इस भट्ठी में हाइड्रोजन जलती है, जिससे हीलियम उत्पन्न होती है और विपुल मात्रा में ऊर्जा उत्सर्जित होती है। यह ऊर्जा करोड़ों वर्षों में सूर्य की सतह तक आ पाती है और तब यह चारों ओर विकिरित होती है। यही सौर विकिरण है।

कितना जटिल है सौर विकिरण

सौर विकिरण में सभी तरह के तरंग दैर्ध्य रहते हैं। यह विकिरण विद्युत् चुंबकीय ऊर्जा है, जिसमें दीर्घ रेडियो तरंगों से लेकर सूक्ष्म तरंगें, अवरक्त तरंगें, पराबैंगनी तरंगें तथा एक्स किरणें जैसी लघु तरंगें होती हैं।

हमें केवल प्रकाश तरंगें दिखती हैं। अवरक्त किरणें उष्मा के रूप में अनुभव की जाती हैं। अन्य प्रकार के विकिरणों को विशेष प्रकार के यंत्रों द्वारा ही पहचाना जा सकता है। इनमें से प्रकाश विकिरण सदैव स्थिर मात्रा में हम तक पहुँचता है। अन्य विकिरण सूर्य धब्बों पर निर्भर करते हैं।

वायुमंडल द्वारा सौर विकिरण का बंदी बनाया जाना

अनुमान है कि 30% सौर विकिरण पृथ्वी तक नहीं पहुँच पाता, जिसे हमारा

वायुमंडल बंदी बना लेता है।

सूर्य के मुखमंडल में अनेक दाग

सूर्य में कई क्षेत्र हैं। इसके बाह्य आवरण में दो परतें हैं—वर्णमंडल तथा किरीट। इस आवरण के भीतर की सतह प्रकाशमंडल (Photosphere) कहलाती है। यह दृश्य सूर्य बिंब है। इसी सतह पर धब्बे (Spots) होते हैं, जिन्हें सूर्य धब्बे (Sun spots) कहा जाता है। इससे भीतरी भाग अत्यधिक तप्त है—प्रचंड भट्ठी के रूप में। यह सूर्य का अदृश्य भाग है, इसका दर्शन केवल सूर्यग्रहण के समय होता है। जब दृश्य सूर्य बिंब चंद्रमा के पीछे छिप जाता है उस समय प्रकाशमंडल के ऊपर मीलों तक फैली पारदर्शक प्रकाशित सतह दिखती है।

अग्नि शिखाएँ क्या हैं?

सूर्य के भीतरी आवरण से चिनगारियाँ जैसी फूटती दिखती हैं जिन्हें 'अग्नि शिखाएँ' (Solar flares) कहते हैं। ये हजारों मील लंबी तथा चौड़ी होती हैं। इनमें से कुछ एक स्थिर होती हैं, तो कुछ नटखट बालकों की तरह उछलती-कूदती। 4 जून, 1946 को 30 मिनट के भीतर 2 लाख 50 हजार मील तक लंबी होती शिखा देखी गई। एक अग्नि शिखा से इतनी ऊर्जा प्रकट होती है जितना कि सारा विश्व एक लाख वर्ष में इस्तेमाल करता है।

सूर्य देव का किरीट यानी मुकुट

पूर्ण सूर्यग्रहण के समय अग्नि शिखाओं के ऊपर लाखों मील तक फैला श्वेत रंग का आवरण दिखता है जिसे 'मुकुटावरण' कहते हैं। इस मुकुट की शोभा केवल दो-तीन मिनट तक देखी जा सकती है। किंतु इसकी शोभा अवर्णनीय है।

पिछले पूर्ण सूर्यग्रहण के समय इसे देखा गया था।

सूर्य ऊर्जा का अक्षय भंडार है

पृथ्वी पर ऊर्जा का अकाल हो सकता है—जब कोयला, तेल, लकड़ी जैसे ईंधन चुक सकते हैं। किंतु सौर ऊर्जा का भंडार अक्षय है। सो कैसे?

अनुमान है कि इस समय सौर ऊर्जा 40,00,000 लाख टन प्रतिसेकेंड है। सूर्य में इतनी हाइड्रोजन है कि सूर्य अगले 30,00,00,00,000 वर्षों तक इसी तरह गरम रहे। सूर्य से दूर होने तथा लघु होने के कारण पृथ्वी सूर्य की कुल ऊर्जा का केवल

1/2,00,00,00,000 अंश ही ग्रहण कर पाती है, किंतु तो भी यह ऊर्जा पृथ्वी पर पौधों तथा मनुष्यों का प्राणाधार है।

अब इस सौर ऊर्जा को दर्पणों तथा लेंसों के द्वारा ग्रहण किया जा सकता है। सूर्य प्रकाश से प्रकाशसंवेदी सेलों में विद्युत् उत्पन्न होती है जिन्हें 'सौर बैटरी' कहते हैं। इनका प्रयोग अंतरिक्ष यानों में किया जाता है।

आजकल सौर कुकर बनने लगे हैं, जिनसे गृहिणियाँ बिना ईंधन के भोजन पका सकती हैं। सौर उष्मकों द्वारा पानी गरम किया जा सकता है। यही नहीं, आवश्यकता पड़ने पर सौर ऊर्जा से पवन चक्कियाँ भी चलाई जा सकती हैं।

सूर्य के धब्बे

सूर्य में धब्बे? हाँ! इन धब्बों के कारण सूर्य को कलंकी कहा जाता है—ये धब्बे सूर्य कलंक भी कहे जाते हैं। चंद्रमा के ऊपर तो कलंक की बात साहित्य में मिलती है, किंतु सूर्य तो प्रकाशपुंज माना जाता रहा है।

सर्वप्रथम गैलीलियो ने अपनी दूरबीन से सूर्य के धब्बे देखे। इससे यूरोपीय

सूर्य के धब्बे (पूर्ण ग्रहण पर)

लोगों में खलबली मच गई। निर्दोष सूर्य में भला धब्बे ? इसीलिए कुछ काल तक लोग इन धब्बों को मनगढ़ंत तथा 'दूरबीन का जादू' कहते रहे।

चंद्रमा के धब्बे स्थिर हैं, किंतु सूर्य के धब्बे चल हैं। अकेला धब्बा कई हजार किलोमीटर चौड़ा हो सकता है। यह कुछ दिनों से लेकर कुछ महीनों तक बना रह सकता है। धब्बों को विशाल चुंबक बताया गया है।

प्राय: धब्बे जोड़ों में बनते हैं और फिर अलग हो जाते हैं, ऐसे सैकड़ों धब्बे बनते हैं।

कभी-कभी सूर्य में कोई भी धब्बा नहीं हो सकता। इन धब्बों में शक्तिशाली चुंबकत्व पाया जाता है। अधिक कलंक दिखने पर वृक्ष अधिक फलते तथा बढ़ते हैं। 1947 में सर्वाधिक कलंक दिखे। 1957-58 में भूभौतिक वर्ष के अंतर्गत सूर्य धब्बों का अध्ययन किया गया।

सौर चक्र घातक बनता है

यह पाया गया है कि सौर धब्बे एक निश्चित चक्र के अनुसार प्रकट तथा अप्रकट होते रहते हैं। इसे 'सौर चक्र' (Solar Cycle) कहते हैं। एक चक्र की औसत अवधि ग्यारह वर्ष है।

प्रारंभ में कुछ एक धब्बे बनते हैं फिर इनकी संख्या बढ़ती जाती है। जब धब्बे अदृश्य होने लगते हैं तो सौर चक्र का अंत हो जाता है। इसके बाद फिर चक्र चालू होता है।

इस सौर चक्र की तुलना पृथ्वी की पवनों से तथा समुद्री धाराओं से की जाती है।

गैलीलियो गैलीली (1564-1642)

इस चक्र का प्रभाव पृथ्वी तथा उसके वायुमंडल पर पड़ता है। उत्तरी-दक्षिणी ध्रुवों में बननेवाले अरोरा इसीके कारणस्वरूप दिखते हैं। यही नहीं, कणों की बौछार

से चुंबकीय तूफान उत्पन्न हो सकते हैं, जिससे पृथ्वी की विद्युत् व्यवस्था, संचार प्रणाली आदि में व्यवधान पड़ सकता है। 1989 में कनाडा में इस चक्र से पूरी बिजली व्यवस्था ध्वस्त हो गई थी। इस बार सन् 2000 में पड़नेवाले चक्र से तमाम कंप्यूटर अपना कार्य बंद कर सकते हैं और इनसेट उपग्रह प्रणाली मंद पड़ने से दूरदर्शन पर कुछ भी नहीं दिख सकता।

सूर्य प्रतिदिन पूर्व की ओर 1^0 गति करता है

पृथ्वी सूर्य के चारों ओर चक्कर लगाती है और उसमें इसे पूरा वर्ष लग जाता है। हम पृथ्वी के साथ सूर्य का चक्कर लगाते हैं, इसलिए सूर्य पहले आकाश के एक भाग में दिखता है और फिर दूसरे भाग में। चूँकि हमें इसका आभास भी नहीं होता कि पृथ्वी के साथ हम भी घूम रहे हैं, इसलिए हमें प्रतीत होता है कि सूर्य आकाश में पूर्व की ओर चल रहा है।

सूर्य एक वर्ष यानी तीन सौ पैंसठ दिन में चक्कर (वृत्त) लगाता है, जिसमें 360^0 होते हैं। इसलिए प्रतिदिन सूर्य 360/365 = लगभग 1^0 पूर्व की ओर गति करता प्रतीत होता है।

पिता और पितामह सूर्य

सूर्य नौ ग्रहों का पिता है और इन ग्रहों के भी उपग्रह होने से वह उनका पितामह भी है।

सूर्य की आयु : सूर्य का भूत तथा भविष्य

यह विगत पाँच बिलियन वर्षों से चमकता आ रहा है और इसी तरह अगले पाँच बिलियन वर्षों तक चमकता रहेगा। जब सूर्य की हाइड्रोजन गैस खत्म हो जाएगी तो यह सिकुड़कर श्वेत वामन बन जाएगा और अंत में मर जाएगा—शीतल पिंड बन जाएगा।

हमारा सूर्य कहाँ पर स्थित है?

यह आकाश गंगा के केंद्र भाग से करीब 30,000 प्रकाशवर्ष दूर किनारे पर स्थित है और 220 किलोमीटर प्रतिसेकेंड वेग से आकाश गंगा के केंद्र की परिक्रमा कर रहा है।

सौर पवन भी

सौर पवन ऊर्जायुत, विद्युत् आवेशित कणों की धारा है, जो सौर किरीट से सारे समय सौर परिवार के सिरे की ओर बहती है।

सूर्य भी पृथ्वी की तरह अपनी धुरी पर घूमता है

सूर्य भी अपनी धुरी (अक्ष) पर पश्चिम से पूर्व की ओर घूमता है; किंतु घूमने की गति एक-सी नहीं रहती—कभी मंद तो कभी तेज। वस्तुतः सूर्य के धब्बों की गतिशीलता का कारण सूर्य की यह गति ही है।

सौर स्पेक्ट्रम में श्याम रेखाओं (Dark lines) का होना सूचक है सूर्य के घूमने का। डॉप्लर प्रभाव से सूर्य की गति ही दृष्टिगोचर होती है।

सूर्य की अपनी विषुवत रेखा पर एक चक्कर की अवधि सत्ताईस दिन है और उत्तरी-दक्षिणी ध्रुवों पर चौंतीस दिन। शायद सूर्य के ठोस न होने से ऐसा होता होगा।

बुध

रोहिणी पुत्र बुध के दर्शन दुर्लभ

यह सूर्य के सबसे निकट का एवं पहला ग्रह है। रोम के सबसे तेज देवता के नाम पर इसका नाम 'मर्करी' रखा गया। यह हमारे देश के पंच देवों में से एक है। महाभारत के भीष्म पर्व में इन पाँचों ग्रहों का उल्लेख मिलता है। इसे 'रोहिणी पुत्र' कहा गया है।

सूर्य के निकट (5.8 करोड़ किलोमीटर) होने से पृथ्वी से इसे देखने में परेशानी होती है; क्योंकि एक तो इसका आकार छोटा है, दूसरे पृथ्वी से दूर है। तीसरे यह कि सूर्य के चारों ओर अन्य सभी ग्रहों की अपेक्षा तेज गति से चक्कर लगाता है। यह गति 1,08,000 मील प्रतिघंटे यानी 48 किलोमीटर प्रतिसेकेंड। इसलिए बुध के दर्शन दुर्लभ हैं। पोलैंडवासी कोपर्निकस इसके दर्शन के लिए तरसता रह गया। 1974 में मैरिनर-10 ने इसकी सतह का चित्र लिया।

खौलते सीसे की नदी बुध

सूर्य के पास होने से बुध की सतह पर बहुत अधिक ताप रहता है, इसलिए यदि बुध के ऊपर कोई नदी हो तो वह पानी की नहीं, बल्कि खौलते सीसे की होगी।

बुध देखने में चंद्रमा के समान है

बुध की सतह पर तमाम क्रेटर, पर्वत तथा बेसिन हैं। दिन में इसका ताप 800^0 फॉरेनहाइट (अत्यधिक गरम) और आधी रात में इसका ताप -300^0 फॉरेनहाइट (अति निम्न) पहुँच जाता है। चंद्रमा की भी सतह ऊबड़-खाबड़ है तथा ताप में इसी तरह की विषमता रहती है। चंद्रमा और बुध दोनों की सतह लावा तथा राख की बनी है।

बुध के ऊपर कोई वायुमंडल नहीं। चंद्रमा में भी वायुमंडल नहीं है। बुध की सतह पर वायु ताप समुद्र तल की तुलना में नगण्य है। बुध का घनत्व 5.5 है, जो पृथ्वी के तुल्य है। इसका कारण बुध के गर्भ में लौह का अस्तित्व है।

शाम का तारा यानी तेजस्वी शुक्र

जो आर्यों का शुक्र है वही यूनानियों का वीनस (Venus) है। वीनस सौंदर्य की देवी का नाम है।

सूर्य और चंद्रमा के अतिरिक्त आकाश में यदि कोई तेजस्वी पिंड है तो वह शुक्र ही है। सूर्य की अनुपस्थिति में शाम को आकाश में सबसे पहले दिखनेवाला ग्रह यही है। इसे दिन में भी देखा गया है। जब यह पृथ्वी से दूर होता है तो अधिक चमकदार दिखता है।

यह अपनी कक्षा में 22 मील प्रतिसेकेंड की गति से घूमता है और दो सौ पच्चीस दिन में सूर्य की एक प्रदक्षिणा पूरी करता है। इस तरह यह हमारी पृथ्वी से अधिक तेजी से घूमता है।

पृथ्वी की छोटी बहन

शुक्र का व्यास 12,190 किलोमीटर है, पृथ्वी से कुछ ही कम है। इस दृष्टि से इसे पृथ्वी की छोटी बहन कहा जा सकता है।

इस ग्रह का कोई उपग्रह नहीं है, किंतु इसमें चंद्रमा की-सी कलाएँ देखी जाती हैं। इस मामले में यह बुध की तरह है।

शुक्र की संक्रांति

सूर्य तथा पृथ्वी के बीच जब शुक्र आता है तो वह सूर्य को ग्रस लेता है। यह संक्रांति प्रत्येक 105½, 8, 121½, 8 तथा 105½ वर्ष बाद लगता है। इस तरह एक

अधिक्रमण 1882 में हुआ था और अब अगला अधिक्रमण 8जून, 2004 को तथा उसके बाद 2012 में होगा।

शुक्र पर बादलों का परदा

शुक्र पर सदैव अभेद्य बादलों का मोटा परदा (70-95 किलोमीटर) पड़ा रहता है, जिसके कारण उसके पार देख पाना हमारे लिए असंभव है। इस ग्रह की खोज के लिए अमेरिका ने 15 और रूस ने 10 अंतरिक्ष यान भेजे हैं। राडार का भी इस्तेमाल इन बादलों को भेदने के लिए किया जा चुका है। इससे पता चला है कि शुक्र की सतह ऊबड़-खाबड़ है।

शुक्र का ताप

शुक्र की सतह पर चलना खौलते तेल के कड़ाहे पर चलना होगा। इसकी सतह का ताप 480^0 सेंटीग्रेड है, जो सीसा, एल्यूमिनियम तथा जिंक जैसी धातुओं को गला देगा। इतना ताप 'हरित ग्रह प्रभाव' के कारण है।

इसलिए शुक्र की सतह पर आदमी का चलना मानो खौलते कड़ाहे पर चलना होगा।

शुक्र का वायुमंडल

इसके वायुमंडल में 95% कार्बन डाइ ऑक्साइड, नाममात्र ऑक्सीजन तथा रंचमात्र हाइड्रोजन, नाइट्रोजन, अमोनिया पाई गई हैं।

शुक्र पूर्णतया शुष्क है। जलवाष्प नाममात्र को है। इसमें जल नहीं है—सतह इतनी गरम है कि पानी भाप बनकर उड़ जाए। शुक्र में चुंबकीय क्षेत्र नहीं है। यह मनुष्य के रहने के लिए सर्वथा अनुपयुक्त ग्रह है।

हमारी पृथ्वी

सूर्यमंडल का तीसरा ग्रह

(विशेष विवरण के लिए देखें, लेखक की पुस्तक 'पृथ्वी की रोचक बातें')

'पृथ्वी पर देवता भी जन्म लेना चाहते हैं।'

—भागवत पुराण।

'पृथ्वी हमारी माता है और हम इसके पुत्र हैं।'

—अथर्ववेद।

अंतरिक्ष में सूर्य से तीसरा ग्रह पृथ्वी है। यह सबसे अधिक महत्त्वपूर्ण ग्रह है, क्योंकि इसपर जीवन है—वृक्ष, पशु तथा बुद्धिमान प्राणी—मनुष्य निवास करते हैं। शायद अंतरिक्ष-भर में अभी तक यह एकमात्र ग्रह है, जहाँ जीवन है, बुद्धिमान प्राणी हैं, इसीलिए स्वर्ग में वास करनेवाले देवता भी सिहाते हैं पृथ्वीवासियों से।

अनोखी पृथ्वी

इसकी संपूर्ण सतह के 70% पर जल है। इसपर सर्वोच्च पर्वत है, जो 8.8 किलोमीटर ऊँचा है। इसमें सबसे गहरी समुद्री खाई पैसिफिक महासागर में है, जो ग्यारह किलोमीटर गहरी है। इसका आकार नाशपाती की शक्ल का है।

खगोलविदों के अनुमान के अनुसार पृथ्वी का जन्म 4.5 बिलियन वर्ष पूर्व हुआ। पृथ्वी की ऊपरी सतह से उसके क्रोड तक काफी गहराई है। यह क्रोड लोहे तथा निकिल धातुओं से भरा है, जहाँ का ताप 6400^0 केल्विन है।

इस ग्रह का अपना चुंबकीय क्षेत्र है, जिसमें उत्तरी तथा दक्षिणी ध्रुव हैं। यह चुंबकीय क्षेत्र अंतरिक्ष में 60,000 किलोमीटर तक विस्तीर्ण है। फलस्वरूप पृथ्वी के चारों ओर 'वान एलेन पट्‌टी' चुंबकीय मंडल के रूप में है। इसका पता 1950 में लगा।

पृथ्वी का वर्तमान वायुमंडल आदिम अवस्था से सर्वथा भिन्न

आदिम वायुमंडल में हाइड्रोजन, कार्बन, ऑक्सीजन के यौगिक के अतिरिक्त जलवाष्प था।

वर्तमान वायुमंडल में 78% नाइट्रोजन, 21% ऑक्सीजन तथा 1% में कार्बन डाइ ऑक्साइड तथा अन्य गैसें हैं।

वायु का आधा अंश पृथ्वी की सतह से 6 किलोमीटर ऊपर तक भरा हुआ है। ऊँचाई बढ़ने पर वायु विरल होती जाती है। समुद्र तल से 12 से 50 किलोमीटर ऊँचाई पर 'ओजोन परत' है। यह परत पृथ्वी को सूर्य के पराबैंगनी विकिरण से बचाती है। अत: सुरक्षा कवच का काम करती है।

संपूर्ण वायुमंडल का भार पाँच हजार ट्रिलियन टन है। पृथ्वी का गुरुत्व बल वायुमंडल को पृथ्वी से बाँधे है।

समुद्र तल पर वायु का दाब 14.7 पौंड प्रतिवर्ग इंच है, जो 1 वायुमंडल के तुल्य है। इसे ही 1013 'मिलीबार' कहते हैं।

चंद्रमा से पृथ्वी कैसी लगती है?

चंद्रमा पर खड़े मनुष्य को पृथ्वी उस चंद्रमा की चकती से 2.5 गुनी बड़ी दिखती है जो उसे पृथ्वी पर खड़े होकर दिखती है। पृथ्वी में भी कलाएँ दिखती हैं।

चंद्रमा से पृथ्वी का दृश्य

प्रथम अंतरिक्ष यात्री को पृथ्वी कैसी दिखी?

अंतरिक्ष में पृथ्वी एक दुर्लभ नील तथा श्वेत मणि की भाँति चमकती दिखी।

ब्रह्मांड में पृथ्वी का स्थान विशिष्ट नहीं

1953 मे कोपर्निकस ने घोषणा की कि पृथ्वी सौरमंडल के केंद्र में स्थित नहीं है, वह अन्य ग्रहों के साथ सूर्य की परिक्रमा करती है। ब्रह्मांड अन्यत्र से भी वैसा ही दिखेगा जैसा पृथ्वी से दिखता है।

पृथ्वी पर जीवन का उदय विशिष्ट क्यों है?

जीवन के उदय के लिए शरीर बनानेवाले तत्त्व कार्बन, हाइड्रोजन तथा ऑक्सीजन के अतिरिक्त लौह, कैल्शियम, फॉस्फोरस आदि चाहिए। हमें मीथेन का वायुमंडल नहीं चाहिए, सल्फर डाइ ऑक्साइड तथा अमोनिया जैसी विषैली गैस नहीं चाहिए, जो कि सौरमंडल के कुछ अन्य ग्रहों पर हैं। पृथ्वी का ताप जैव रासायनिक क्रियाओं के अनुकूल है। ताप के संतुलन हेतु पृथ्वी को एक समान ऊर्जा देनेवाला स्रोत सूर्य है। पृथ्वी पर इतना गुरुत्वाकर्षण है कि यह वायुमंडल को बाँधे रहे। यह गुरुत्वाकर्षण इतना है कि चलने-फिरने में कष्ट नहीं पहुँचाता। चूँकि सारी सुविधाएँ हमें पृथ्वी पर प्राप्त हैं, अत: पृथ्वी पर जीवन का उदय ढेर सारे संयोगों का सुखद परिणाम है।

किंतु प्रश्न उठाया जा सकता है कि क्या ब्रह्मांड में सर्वत्र पृथ्वी जैसा ही जीवन

हो, उसका ऐसा ही रसायन हो ?

जिस तरह कार्बन हमारे जीवन का आधार है उसी तरह क्या टिन अथवा सिलिकन पर आधारित सृष्टि नहीं हो सकती ?

पृथ्वीपुत्र मंगल

यह लाल रंग का ग्रह है। रोमवासी इसे 'युद्ध का देवता' मानते थे। महाभारत में इसे अग्नि के समान 'लाल लोहितांग' कहा गया है। पुराणों में इसे 'पृथ्वीपुत्र' (महिसुत) कहा गया है।

पृथ्वी से समानता

दोनों सूर्य से इतनी दूरी पर हैं कि उन्हें समुचित प्रकाश और उष्मा मिलती है। दोनों ही अपनी धुरी पर झुके हैं अतः ऋतु-परिवर्तन होते हैं। दोनों ही ध्रुवों पर चिपटे हैं। पृथ्वी की तरह यह भी ठोस है। समानता के आधार पर ही लोग कल्पना करते थे कि मंगल ग्रह में चतुर प्राणी होंगे।

पृथ्वी से भिन्नता

पृथ्वी से मंगल की समानताएँ कम किंतु विषमताएँ अधिक हैं।

मंगल ग्रह की सतह पृथ्वी से अधिक ऊबड़-खाबड़ है। इसे सूर्य की परिक्रमा में 687 दिन (लगभग 2 वर्ष) लगते हैं। अतः मंगल में पृथ्वी की अपेक्षा ऋतुएँ दुगुनी अवधि की होती हैं। मंगल शुष्क है, इसमें न तो ऑक्सीजन है न जल। मंगल का वायुमंडल पृथ्वी के वायुमंडल से अधिक हलका है। मंगल का घनत्व पृथ्वी से कम है। सबसे बड़ी भिन्नता यह है कि पृथ्वी का एक चाँद है, किंतु मंगल के दो-दो चाँद हैं।

मंगल ग्रह की अद्‌भुत नहरें : प्रगत सभ्यता की प्रतीक

सर्वप्रथम 1877 में इटली के खगोलवेत्ता जी.वी. शियापैरेली ने यह सूचना दी कि मंगल में 'कैनली' (Canali) हैं। इस इटैलियन शब्द का अर्थ है 'नालियाँ', जिसे अंग्रेजी में भ्रमवश 'नहरें' समझ लिया गया। बीसवीं सदी के प्रारंभ में अमेरिकी खगोलविद् पर्सिवाल लावेल ने यह कहकर तहलका मचा दिया कि ये नहरें मंगल के बुद्धिमान व्यक्तियों के द्वारा निर्मित हैं। बाद में यह अनुभव किया गया कि ये नहरें नहीं, अपितु बड़ी-बड़ी दरारें हैं। मंगल ग्रह की जमीन लाल रंग के रेगिस्तान के रूप

में है और यह लाल रंग लोह का ऑक्साइड—मोरचा—है। 1976 में अमेरिकी अंतरिक्ष यान विकिंग-1 तथा विकिंग-2 से मंगल के विषय में सुस्पष्ट जानकारी मिली और यह सिद्ध हो गया कि ये 'नहरें नहीं अपितु पर्वतश्रेणियाँ' हैं। मंगल ग्रह पर न तो सूक्ष्म प्राणी हैं, न बहती जलधाराएँ। मंगल ग्रह का आकाश गुलाबी दिखता है, क्योंकि लाल धूल उड़ती है। इसका ताप शीतल है। मंगल ग्रह में सक्रिय ज्वालामुखी भी पाए गए।

ऑर्बिटर-1 तथा ऑर्बिटर-2 से ज्ञात हुआ कि मंगल के दक्षिणी तथा उत्तरी ध्रुवों पर जमे हुए जल की टोपी है।

मैरिनर-9 से यह पता लगा कि मंगल ग्रह पर हफ्तों भयंकर आँधियाँ चलती हैं, जिस तरह सहारा के रेगिस्तान पर चलती हैं।

स्पष्ट है कि मंगल वीरान तथा उजाड़ ग्रह है।

दो चंद्र-खिलौने मंगल के

मंगल के दो उपग्रह हैं—यानी दो चंद्रमा हैं। इनकी खोज 1877 में अमेरिकी खगोलविद् आसफ हॉल ने की। उसने इनका नामकरण प्राचीन मंगलदेव के दो पुत्रों तथा शिष्यों के नाम पर 'डीमास' तथा 'फोबोस' रखा।

ये दोनों बहुत ही लघु हैं और असमान आकार के हैं। डीमास का व्यास 9-11 किलोमीटर तथा फोबोस का 16-22 किलोमीटर है। यह क्रेटरों से भरे-पूरे चट्टानी पिंड हैं और लघु ग्रह जैसे हैं। ये दोनों पश्चिम से पूर्व की दिशा में मंगल की ही धुरी पर मंगल के समान घूमते हैं। फोबोस एक दिन में मंगल की तीन प्रदक्षिणा करता है।

मंगलवासियों का हमला

1938 में रेडियो पर 'मंगलवासियों का हमला' नाटक प्रसारित हो रहा था तो सुननेवाले डर गए कि सचमुच आक्रमण होने जा रहा है। यह नाटक सुप्रसिद्ध उपन्यासकार एच.जी. वेल्स के उपन्यास 'वार ऑफ दि वर्ल्ड्स' का अनुवाद था। यह इटली के वैज्ञानिक शियापैरेली द्वारा घोषित 'नहरों' तथा लावेल द्वारा सूचित 'मंगल पर बुद्धिमान प्राणी' के आधार पर कल्पित किया गया था।

मंगल के चंद्रमाओं की विचित्र कथा : कृत्रिम उपग्रह

आश्चर्य की बात है कि मंगल के दो चंद्रमाओं की पहली सूचना अठारहवीं सदी में जोनाथन स्विफ्ट के प्रसिद्ध ग्रंथ 'गुलिवर्स ट्रैवेल्स' में मिलती है। तब तक

खगोलविद् इनसे अपरिचित थे। एक दिन गुलिवर जब लपुता द्वीप में था तो खगोलविदों ने उसे बताया कि मंगल के दो छोटे-छोटे उपग्रह हैं।

अमेरिकी खगोलविद् ए. हॉल ने इनकी खोज 1877 में की, जो उक्त ग्रंथ के बाद की तिथि है। स्विफ्ट ने यह कल्पना की थी कि ज्यों-ज्यों सूर्य से दूरी बढ़ेगी त्यों-त्यों उपग्रहों की संख्या बढ़ेगी। चूँकि पृथ्वी का एक चाँद था और बृहस्पति के चार इसलिए मंगल के दो चाँद होने चाहिए। कितनी सटीक कल्पना थी, इस उपन्यासकार की! इतना ही नहीं, स्विफ्ट ने यह भी बतलाया कि भीतरी उपग्रह तीन व्यास का और बाहरी पाँच व्यास का होगा। तीन व्यास लगभग 20,000 किलोमीटर था। निस्संदेह डीमास मंगल से इतनी ही दूरी पर है; किंतु डीमास भीतरी नहीं बाहरी चंद्रमा है। फिर भी कितना अद्‌भुत साम्य!

यह प्रस्ताव रखा गया कि फोबोस भीतर से पोला है। चूँकि अंतरिक्ष में ऐसी किसी वस्तु के निर्माण की प्रक्रिया ज्ञात नहीं थी, इसलिए पुनः यह प्रस्ताव रखा गया कि फोबोस तथा डीमास, दोनों ही मंगल के कृत्रिम उपग्रह हैं, जिन्हें लाखों वर्ष पूर्व मंगल के बुद्धिमान व्यक्तियों ने बनाया होगा—या फिर बाह्य अंतरिक्ष से आए होंगे।

विकिंग-1 की उड़ान के बाद फोबोस का भार ज्ञात किया जा सका, फलस्वरूप इसका घनत्व दो ग्राम प्रति सेंटीमीटर ज्ञात हुआ। इस तरह पोलापन की कल्पना निर्मूल सिद्ध हुई। इन दोनों उपग्रहों में तमाम क्रेटर तथा खरोंचें (Streaks) हैं।

सौर परिवार का विशालतम ग्रह बृहस्पति

यदि बृहस्पति के अतिरिक्त अन्य आठ ग्रहों को एकत्र कर दें तो भी वे बृहस्पति की बराबरी नहीं कर पाएँगे। इसकी विशालता का अनुमान इसी बात से लगाया जा सकता है कि यह पृथ्वी से 1300 गुने से भी बड़ा है। सूर्य की पूरी प्रदक्षिणा में लगभग बारह वर्ष लग जाते हैं। इससे इसकी मंद गति का पता चलता है। आकाश में जो बारह राशियाँ हैं उनमें से सिंह राशि पर यह ग्रह प्रत्येक बारह वर्ष बाद आता है। उस वर्ष को 'सिंहस्थ वर्ष' कहते हैं।

बृहस्पति का एक रात-दिन हमारे सत्तानबे घंटे के तुल्य होता है—चार दिन-रात से भी बड़े।

पृथ्वी की अपेक्षा बृहस्पति पर गुरुत्व बल 2.65 गुना अधिक है। इसक अर्थ है कि यदि पृथ्वी पर आपका भार पचास किलोग्राम हो तो बृहस्पति पर वह एक सौ तीस किलोग्राम होगा।

बृहस्पति का रंग

बृहस्पति को देहातों में 'बिफैया' तारा कहते हैं। यह श्वेत रंग का होता है और हर तेरह महीने बाद बहुत चमकीला बन जाता है। तब इसकी छटा निहारते बनती है।

बृहस्पति का वायुमंडल अत्यधिक घना

वायुमंडल घना होने से उसके आर-पार देख पाना कठिन है।

बृहस्पति पर लाल कलंक

इस कलंक का विस्तार पृथ्वी के क्षेत्रफल के बराबर है। इसे विगत तीन सौ वर्षों से देखा जाता रहा है।

क्या बृहस्पति पर जल है?

बृहस्पति का ताप बहुत ही कम (–138° सेंटीग्रेड) है। इसपर पानी के बादल होने की संभावना नहीं। है तो केवल मीथेन गैस, जो इस निम्न ताप पर भी गैस बनी रहती है।

बृहस्पति के कुल मिलाकर सोलह चंद्रमा

बृहस्पति अपने तमाम चंद्रमाओं के साथ छोटे सौरमंडल-सा लगता है। इसके चंद्रमाओं में से चार बहुत बड़े हैं, जिनको पहले-पहल 1610 में गैलीलियो ने देखा था। इनमें से एक हमारे चंद्रमा के बराबर है। शेष चंद्रमा छोटे हैं। इन चंद्रमाओं में से कुछ लघु ग्रह थे, जो बृहस्पति की चपेट में आ गए और उसका चक्कर लगाने लगे—बँधुआ मजदूरों की तरह। वायजर-1 से लिये गए फोटोग्राफों से दो नए चंद्रमाओं का पता चला है।

क्या हम बृहस्पति पर पहुँच पाएँगे?

पायनियर-10 से मिले आँकड़ों से पता चला है कि बृहस्पति का चुंबकीय क्षेत्र कई लाख किलोमीटर तक विस्तीर्ण है, फलस्वरूप बृहस्पति के चारों ओर प्रबल विकिरणों का जमाव है। यहाँ तक पहुँचने के पूर्व मनुष्य की मृत्यु हो जाएगी।

यदि बृहस्पति की वायु में साँस लेने का प्रयास किया जाए, तो मनुष्य तुरंत मर जाएगा। ऐसा इसलिए है कि वायु में हीलियम, हाइड्रोजन तथा मीथेन तो हैं, किंतु प्राणदायी ऑक्सीजन का अभाव है। नाइट्रोजन तथा कार्बन डाइ ऑक्साइड भी नहीं हैं। कहीं-कहीं सड़े अंडे की गंध है, जो हाइड्रोजन सल्फाइड के कारण है। इस गंध

के कारण वैज्ञानिक सोचने लगे हैं कि ऐसा केवल कार्बनिक पदार्थ के सड़ने से हो सकता है, इसलिए बृहस्पति पर जीवन हो सकता है।

अशुभ ग्रह शनि

भारत में शनि को अशुभ कहा जाता रहा है। इस ग्रह की वक्र दृष्टि होने से साढ़े साती—यानी साढ़े सात वर्ष तक कष्ट भोगना पड़ता है। धीमी गति से सूर्य की परिक्रमा करने के कारण ही यह 'शनैःचर' या 'शनिश्चर' कहलाया है। रोमवासी इसे 'कृषि का देवता' मानते रहे हैं।

शनि ग्रह

पृथ्वी की तुलना में यह इतना बड़ा ग्रह है, इसमें सात सौ अट्ठावन पृथ्वियाँ समा जाएँ। लेकिन घनत्व इतना कम है कि यह पानी में तैर जाए। फिर भी इसका भार पिचानबे पृथ्वियों के बराबर है। गुरुत्व शक्ति पृथ्वी के बराबर होने से मनुष्य इसकी सतह पर ठीक से चल सकता है। शनि का वर्ष हमारे 29.5 वर्ष के तुल्य है।

बृहस्पति से समानता

बृहस्पति की तरह यह ग्रह भी हीलियम तथा हाइड्रोजन गैसों का कई परतवाला विशाल गोला है। इसके वायुमंडल में भी कई क्षेत्र हैं। ध्रुवों पर यह भी चपटा है। यह भी रेडियो संकेत उत्सर्जित करता है।

शनि के सत्रह से अधिक चंद्रमा हैं

शनि के सत्रह चंद्रमाओं की पुष्टि हो चुकी है और वायजर के वैज्ञानिक अन्य चंद्रमाओं की आशा रखते हैं। इन चंद्रमाओं को दो वर्गों में बाँटा गया है। आंतरिक चंद्रमा हमारे चंद्रमा से छोटे हैं। वे जलहिम के बने हैं। इनमें से एकमात्र 'टाइटन' नामक चंद्रमा में वायुमंडल है। यह चट्टान तथा हिम से बना है।

बाह्य चंद्रमा अधिकांशतया जलहिम हैं। 'फोबे' नामक चंद्रमा उलटी गति करता है (पूर्व से पश्चिम की ओर)।

शनि की अँगूठियाँ (वलय)

शनि की रमणीयता का कारण उसके अनेक चंद्रमा नहीं, अपितु उसकी अँगूठियाँ (Rings) हैं। ये अँगूठियाँ (वलय) बहुत मोटी नहीं हैं और हमेशा एक-जैसी नहीं रहतीं।

इन अँगूठियों से यह लाभ है कि इनसे चंद्रमा से अधिक प्रकाश मिलता है और वह भी सारी रात। किंतु हानि भी हो सकती है—यदि वे टूटने लगेंगी तो ग्रह के ऊपर गिरकर सर्वनाश ला देंगी।

ये अँगूठियाँ अति सूक्ष्म से लेकर एक मीटर तक के हिम कणों से बनी हैं और ये अँगूठियाँ शनि ग्रह के चारों ओर घूमती हैं, जिस तरह उँगली की अँगूठी घूमती है। इनकी चमक सूर्य प्रकाश के परावर्तन के कारण है।

अँगूठियों का नामकरण

ज्यों-ज्यों इनकी खोज हुई इनका नामकरण होता गया। इन्हें 'ए', 'बी', 'सी', 'डी', 'ई', 'एफ' अँगूठियों के नाम से जाना जाता है। इनमें से 'बी' अँगूठी सबसे अधिक चमकदार है। इस अंगूठी की चौड़ाई 26,000 किलोमीटर है और इसका बाहरी व्यास 2,35,000 किलोमीटर है।

1980 में वायजर-1 ने एक नवीन अँगूठी 'जी' की खोज की है।

विचित्र बात है कि अँगूठियाँ कभी चंद्रमा नहीं बन पाईं। कारण कि ये कणों से बनी हैं, जो किसी चंद्रमा के ही विनष्ट होने से उत्पन्न हुए होंगे।

हमारे बाह्यतम तीन ग्रह

ये ग्रह क्रमशः वारुणी (Uranus) , वरुण (Neptune) तथा यम (Pluto) हैं।

पहले शनि को ही बाह्यतम ग्रह माना जाता रहा और अठारहवीं सदी तक यही मान्यता बनी रही। किंतु 13 मार्च, 1781 को हर्शेल ने नए ग्रह की खोज की। पहले इसे 'जॉर्जियन स्टार' नाम दिया गया। किंतु जर्मन खगोलविद् जोनन एलर्ट बोर्डे ने इसको यूरेनस नाम दिया।

1841 में कूच एडम्स ने नेप्चून की खोज की। प्लूटो की खोज 1930 में हुई।

वारुणी : जहाँ पश्चिम ही पूर्व है

वारुणी पृथ्वी से चौंसठ गुना बड़ा है। यह अति शीतल ग्रह है। इसका वायुमंडल मीथेन गैस का बना है।

इसकी पाँच अँगूठियाँ हैं। ये पश्चिम से उदय होकर पूर्व में अस्त होता हैं। ये अँगूठियाँ 10 से 100 किलोमीटर चौड़ी हैं। शनि की तरह ही ये अँगूठियाँ छोटे-छोटे खंडों से निर्मित हैं।

वायजर-2 के द्वारा 1986 में इस ग्रह के विषय में विशेष जानकारी मिली। इससे अन्य छोटे-छोटे चंद्रमाओं की उपस्थिति का पता चला है।

वरुण की दूरी

सूर्य से वरुण की दूरी 4,50,00,00,000 किलोमीटर है। इसे सूर्य की प्रदक्षिणा करने में एक सौ पैंसठ वर्ष लगते हैं। यह पृथ्वी की तुलना में आधा सघन है।

दूरबीन से वरुण का मंडल (चकती) हरा रंग लिये दिखता है। यह आँख से नहीं दिखता।

वरुण के दो चंद्रमा

एक का नाम 'ट्राइटन' (समुद्री देवता) है और दूसरा 'नेरीड' (समुद्री परी), जिसकी खोज 1949 में की गई। यह ट्राइटन से छोटा है।

सुदूरतम ग्रह यम (प्लूटो)

यह सबसे रहस्यात्मक ग्रह है। यह अत्यंत मंद ज्योतिवाला है। यह सूर्य से 6,00,00,00,000 किलोमीटर दूरी पर है। इसका ताप अत्यंत कम -220^0 सेंटीग्रेड है। इसके एक चंद्रमा का पता चला है, जिसका नाम 'चैरान' है। यह यम से 20,000 किलोमीटर की दूरी पर है और छह दिन तथा नौ घंटों में यम अपनी धुरी पर परिक्रमा करता है।

कुछ लोगों का अनुमान है कि यम वरुण का उपग्रह रहा होगा।

यम के परे क्या?

शायद ही कोई खगोलविद् कहे कि अब और ग्रह नहीं होंगे। चूँकि सूर्य से यम की दूरी छह प्रकाशघंटों की है और निकटतम तारे की दूरी साढ़े चार प्रकाशवर्ष है। अत: यह कल्पना की जाती है कि सूर्य का गुरुत्वाकर्षण कम-से-कम एक दसवें ग्रह तक बना रह सकता है।

भविष्य में दसवें ग्रह की खोज संभव है।

पृथ्वी के उपग्रह चाँद के विषय में कुछ बातें

कवियों का प्रिय उपग्रह

कवियों ने चंद्रमा की शीतलता, उसकी कलाओं, उसकी चाँदनी की भूरि-भूरि प्रशंसा की है; किंतु साथ में वे उसकी कालिमा या कलंकों का उल्लेख करना भी नहीं भूले। प्राचीन काल में मानवीय व्यवहार पर चंद्रमा का प्रभाव मानने के कारण चंद्रमा की कलाओं के साथ 'पागलपन' का संबंध जोड़ा जाता रहा है।

चंद्रमा की चाँदनी या शीतल प्रकाश

चाँद की रोशनी को चाँदनी, ज्योत्स्ना, चंद्रिका आदि नामों से पुकारा जाता है।

यह चाँदनी चंद्रमा की अपनी धरोहर नहीं। यह तो चंद्रमा पर पड़नेवाला सूर्य का प्रकाश है, जो परावर्तित होकर पृथ्वी तक पहुँचता है। यही शीतलता का भी राज है।

पूर्ण चंद्र

चंद्रमा पर हिरन

चंद्रमा के कलंक के बारे में प्राचीन लौकिक मान्यताएँ थीं कि चंद्रमा के ऊपर हिरन रहता है, इसीलिए इसका नाम 'मृगांक' पड़ा। इसी तरह चंद्रमा पर खरगोश रहने के कारण उसका नाम 'शशांक' रखा गया। कुछ लोग कहते हैं कि चंद्रमा पर एक बुढ़िया सूत कात रही है और उसका प्रतिबिंब कलंक के रूप में दिखता है। बचपन में हमारी नानी ने भी यही बताया था।

किंतु ये सब कोरी कल्पनाएँ हैं। चंद्रमा पर ऊँचे-ऊँचे पर्वत हैं, गहरी खाइयाँ हैं। इन्हींकी छाया जब चाँद पर पड़ती है तो वह धब्बे या कलंक-सी दिखती है।

सबसे निकट

सूर्य की तुलना में चंद्रमा हमारे अति निकट है। चाँदनी को चंद्रमा से हम तक पहुँचने में केवल 1.25 सेकेंड लगते हैं। यह पृथ्वी से 2,40,000 मील यानी 3,84,404 किलोमीटर दूरी पर है। अपोलो मिशन के द्वारा चंद्रमा पर पहुँचा जा चुका है।

चंद्रमा पर हमारा भार कम होगा

चूँकि चंद्रमा का गुरुत्वाकर्षण बल कम है अत: 60 किलोग्रामवाला व्यक्ति वहाँ केवल 10 किलोग्रामवाला बन जाएगा। लेकिन वहाँ पर 6 गुनी लंबी तथा 6 गुनी ऊँचाई तक कूद लगाई जा सकती है।

क्या चंद्रमा पर मनुष्य के जीवन योग्य परिस्थितियाँ हैं?

चंद्रमा पर वायुमंडल न होने से साँस लेने में कठिनाई होगी। दिन में तेज गरमी और रात में भयानक ठंड होने से जीना दूभर होगा। यहाँ पर दिन और रात चौदह-चौदह दिन के होंगे। कुंभकर्णी नींदवाले व्यक्ति के लिए यह अच्छा अवसर हो सकता है, लेकिन ऑक्सीजन न मिलने से उसका प्राणांत हो जाएगा।

वायुमंडलविहीन चंद्रमा पर न तो कोई प्राणी है, न कीट-पतंग। न ही वहाँ पर इंद्रधनुष दिखेगा। केवल ऊँचे-ऊँचे पर्वत, अनेक ज्वालामुखी और अंतरिक्ष से टूटकर गिरनेवाले उल्का पिंड हैं। जल का नामोनिशान नहीं है। न वृक्ष हैं, न पशु। तो फिर चंद्रमा हमारे किस काम का? तो भी अंतरिक्ष विज्ञान ने चंद्रमा पर मनुष्य को पहुँचा दिया।

चंद्रमा का आकर्षण लाता है ज्वार

चूँकि सूर्य की तुलना में चंद्रमा पृथ्वी के अत्यधिक निकट है, अतः चंद्रमा के आकर्षण का प्रभाव पृथ्वी पर पड़ता है। फलस्वरूप समुद्र का जल ऊपर उठता है जिसे 'ज्वार' कहते हैं।

पृथ्वी की तुलना में बौना है चाँद

चंद्रमा का व्यास पृथ्वी का 1/4 है। चंद्रमा का भार पृथ्वी का 1/81 है। चंद्रमा का आयतन पृथ्वी का 1/50 है। चंद्रमा का घनत्व पृथ्वी का 3/5 है। चंद्रमा पर पृष्ठ गुरुत्व बल पृथ्वी का 1/6 है। इसीलिए चंद्रमा पर मनुष्य का भार पृथ्वी की तुलना में 1/6 हो जाएगा।

चंद्रमा का ऊबड़-खाबड़पन

चंद्रमा के धरातल पर सभी आकार के क्रेटर फैले हैं। इनमें से कुछ में लावा भरा हुआ है। ये बहुत गहरे भी हैं। कुछ क्रेटर उल्कापात से बने हुए हैं। यही नहीं, चंद्रमा के धरातल पर बड़े-बड़े पर्वत हैं। इनमें सबसे ऊँचा पर्वत 'लीबनिट्ज' है, जिसकी ऊँचाई 7.9 किलोमीटर है।

पर्वतों का नामकरण स्वीकृत प्रणाली के अनुसार पृथ्वी पर स्थित पर्वतों के नाम पर किया जाता है।

चंद्रमा की आयु

चंद्रमा की उत्पत्ति सौर परिवार के जन्म से संबद्ध है। ऐसा समझा जाता है कि चंद्रमा पहले पृथ्वी का अंग था, जो निकट से गुजरनेवाले तारे के गुरुत्वाकर्षण के कारण पृथक् हो गया। पृथ्वी के जितने भाग से चंद्रमा विलग हुआ वहाँ पर पैसिफिक (प्रशांत) महासागर बन गया।

दूसरे मत के अनुसार जिस गरम पिंड के अन्य ग्रह बने, उसीसे चंद्रमा भी बना। यह भी संभावना व्यक्त की जाती है कि चंद्रमा पहले कोई ग्रह रहा हो जो पृथ्वी की गिरफ्त में आ गया।

जो भी हो, चंद्रमा की आयु पृथ्वी जितनी ही—4,50,00,00,000 वर्ष (4.5 बिलियन) है।

चंद्रमा की यात्रा के लिए इतनी होड़ क्यों मची?

मनुष्य का खोजी स्वभाव उसे प्रेरित करता रहा है अंतरिक्ष में उड़ान भरने के लिए। उसने जब रॉकेट बना लिये तो अंतरिक्ष यान प्रक्षेपण के लिए अनुकूल वातावरण बन गया। जिस तरह मानव जनसंख्या बढ़ रही है, उसके लिए रहने तथा आवश्यक वस्तुओं के लिए वैकल्पिक व्यवस्था होनी चाहिए। हमारा पड़ोसी उपग्रह चंद्रमा यदि रहने के योग्य हो तो पर्याप्त स्थान प्रदान कर सकता है। किंतु यदि यह संसाधनों का स्रोत सिद्ध हो तो और भी लाभकारी होगा।

यही नहीं, सौरमंडल के ग्रहों का निरीक्षण करने के लिए चंद्रमा एक वेधशाला का काम दे सकता है। चंद्रमा से अंतरिक्ष में आगे उड़ान भरी जा सकती है।

इसीलिए रूस और अमेरिका में होड़ मची, जिसके परिणाम सुखद रहे हैं। एक तो चंद्रमा के विषय में विस्तृत जानकारी प्राप्त हुई है और अंतरिक्ष यात्रा के प्रति उत्साह जगा है। उसीका परिणाम है कि अंतरिक्ष शटल, अंतरिक्ष बस्तियों, अंतरिक्ष प्रयोगशालाओं आदि का आविष्कार हो सका है।

लेकिन भारहीनता तथा अंतरिक्ष विकिरणों के घातक प्रभाव जैसी समस्याओं पर विजय पाने के लिए वैज्ञानिकों को आगे विशेष प्रयत्न करने पड़ेंगे।

चंद्रमा पर अवतरण

सर्वप्रथम मानवरहित यान चंद्रमा पर उतरा और बाद में मनुष्य ने चरण रखे। 1959 में रूसी वैज्ञानिकों ने अपना मानवरहित यान चंद्रमा के धरातल पर पहुँचाया। 1967 में संयुक्त राज्य अमेरिका ने चंद्र धरातल के फोटो लेने के लिए रेंजर, सर्वेयर आदि अंतरिक्ष उपग्रह भेजे। 20 जुलाई, 1969 को अपोलो अंतरिक्ष यात्री नील आर्मस्ट्रांग चंद्रमा पर पहुँचा और चंद्रमा की चट्टानों के नमूने लेकर वापस आया। सोवियत की 'लूना' उड़ानों से भी जानकारी मिली। (विशेष विवरण अन्यत्र दिया गया है)

अंतरिक्ष यात्री ने चंद्रमा को कैसा पाया?

चंद्रमा का संपूर्ण धरातल बैसाल्ट या शीतल लावा से आच्छादित था। वहाँ न जल मिला, न जीवाश्म, न ही किसी तरह के जीवाणु मिले। जीवन का कोई चिह्न न मिलने से यही सिद्ध होता है कि 'चंद्रमा सदैव जीवनविहीन' रहा है।

यहाँ न नीला आकाश है, न सफेद बादल, न ही कोई मौसम परिवर्तन। वायु

के अभाव से ध्वनि का वहन नहीं होने से सर्वत्र मौन व्याप्त रहता है, किंतु दूर तक दिखता है।

चंद्रमा से लाई गईं चट्टानों के नमूने

चंद्रमा की सबसे पुरानी चट्टानें 4.3 बिलियन वर्ष पूर्व की हैं। कुछ चट्टानें बाद की हैं। इन चट्टानों में कुछ खनिज अधिक मात्रा में हैं तो कुछ में दूसरे अधिक मात्रा में। प्रारंभ में तरुण चंद्रमा पर उल्का पिंडों की वर्षा होती रही जिससे क्रेटर बने। जब चंद्रमा 1 बिलियन वर्ष का हुआ तो भीतरी उष्मा ज्वालामुखी पर्वतों के रूप में फूट पड़ी और धरातल पर लावा फैल गया। इसीके ठोस होने पर 'मारिया' (Maria) बना (वह भाग जो पहले समुद्र समझा जाता था)। 3 बिलियन वर्ष पूर्व चंद्रमा पर ज्वालामुखी उद्‌गार बंद हो गए। इसके विपरीत पृथ्वी में अब भी ज्वालामुखी उद्‌गार होते रहते हैं।

चंद्रमा पर अंतारक्ष यात्रा

चंद्रग्रहणों की संख्या

एक वर्ष में अधिकाधिक सात ग्रहण पड़ सकते हैं।

यदि आपको चंद्रमा के धरातल का पता लगाने जाना हो तो आप क्या-क्या ले जाएँगे?

1. फ्लैशलाइट 2. तारों का चार्ट 3. घड़ी।

चंद्रमा से पृथ्वी कैसी दिखती है?

पृथ्वी से चाँद जितना बड़ा दिखता है उसके 2.5 गुने आकार की पृथ्वी दिखेगी। समुद्र नीले दिखेंगे और महाद्वीप भूरे रंग के। अर्धरात्रि में उसे पूरी पृथ्वी प्रकाशित दिखेगी। अन्य अवसरों पर पृथ्वी की कलाएँ दिखेंगी (चंद्रमा की कलाओं की भाँति)।

प्रेक्षण स्टेशन के रूप में चंद्रमा

दूरबीन स्थापित करने के लिए चंद्रमा आदर्श स्थान होगा। चंद्रमा का गुरुत्वाकर्षण बल कम होने से कम भार के दूरबीन से काम चलेगा और पंद्रह दिनों तक प्रेक्षण किए जा सकेंगे। वहाँ मौसम का कोई कुप्रभाव नहीं पड़ेगा। केवल ताप के उतार-चढ़ाव ही बाधक होंगे।

यदि चंद्रमा न होता!

कल्पना कीजिए कि पृथ्वी का प्राकृतिक उपग्रह न रहे। तब रात्रि का सौंदर्य जाता रहेगा। तब समुद्र में ज्वार नहीं उठेगा; किंतु चंद्रमा की अनुपस्थिति में अधिक संख्या में पुच्छल तारे दिखेंगे।

पृथ्वी के चारों ओर चंद्रमा द्वारा परिक्रमा को देखकर ही कृत्रिम उपग्रह बनाने का विचार उठा। चंद्रमा न होता तो अंतरिक्ष युग न आया होता। चंद्रमा के बिना अंतरिक्ष यात्रा का दुस्साहस न हुआ होता।

अतः चंद्रमा आकाश का अलंकरण ही नहीं है अपितु ऐसा महत्त्वपूर्ण कारक है, जिसके बिना वैज्ञानिक प्रगति तथा अंतरिक्ष अन्वेषण इतनी तेजी से न हुआ होता।

ब्रह्मांड में जीवन

हमारी पौराणिक कथाओं में सबसे ऊपरी स्वर्ग वैकुंठलोक है, जिसमें विष्णु निवास करते हैं। उससे नीचे के स्वर्गों में देवता तथा देवांगनाएँ निवास करती हैं। वे प्रायः आकाश से पुष्प-वर्षा करते हैं। नारद ऋषि अंतरिक्ष में बिना यान के विचरण

करते हैं। योगी भी अंतरिक्ष में विचरण करते हैं। देवता विमानों का प्रयोग करते हैं।

ऐसी ही कथाएँ अन्यत्र भी मिलती हैं। किंतु 1938 में अंग्रेजी उपन्यासकार एच.जी.वेल्स ने 'द वार ऑफ वर्ल्ड्स' में मंगलवासियों को पृथ्वी पर आक्रमण करते दिखाया है। ये वासी ऑक्टोपस जैसे दैत्याकार, किंतु बहुत ही बुद्धिमान थे।

इसी तरह समय-समय पर पृथ्वी पर अंतरिक्ष से उतरनेवाली उड़नतश्तरियों (U.F.O.) के विवरण मिलते हैं। ये विवरण विज्ञान की कसौटी पर खरे नहीं उतरते।

फलस्वरूप तमाम लोग पृथ्वी के अतिरिक्त अंतरिक्ष के पूर्ण विकसित जीवन के अस्तित्व पर विश्वास करते हैं। किंतु विरोधी मत के लोगों का कहना है कि पृथ्वी के परे ब्रह्मांड जीवनविहीन है। अधिक-से-अधिक जीवाणु, शैवाल या काई ही किन्हीं ग्रहों पर हो सकती है।

आजकल अन्य लोकों में जीवन की संभावना विषयक नवीन विज्ञान 'बहिर्जीव विज्ञान' (Exobiology) विकसित हो रहा है।

किंतु जीव निर्माण काफी जटिल प्रक्रम है। अभी पृथ्वी सौरमंडल का एकमात्र भाग्यशाली ग्रह है, जिसपर सभी प्रकार का जीवन है—वृक्ष, पशु तथा बुद्धिमान मनुष्य पाए जाते हैं। एक तरह से सौरमंडल में पृथ्वी ही आदर्श स्थली है जीवन के लिए। किंतु क्या अन्य तारे, जिनके ग्रह हैं, उनमें पृथ्वी जैसा जीवन नहीं हो सकता ?

सचमुच मानव जाति के लिए सबसे अनूठी खोज होगी बाह्य अंतरिक्ष में पृथ्वी जैसी सभ्यता का अस्तित्व।

ब्रह्मांड के कितने ग्रह जीवन के अनुकूल हैं?

खगोलविदों का अनुमान है कि ब्रह्मांड में 10^{20} तारे हैं और इनमें से अधिकांश के ग्रह हैं, जो उसी तरह चक्कर लगाते हैं जिस तरह सूर्य के चारों ओर उसके ग्रह। इसी तरह खगोलविदों ने गणना की है कि लगभग 10^{11} ग्रहों में—लगभग आधे तारों के बराबर—जीवन का उदय हुआ। इनमें से बहुत से ग्रह हमारी पृथ्वी जैसे हैं और हमारी पृथ्वी जैसा ही जीवन उदय हुआ।

हमें ज्ञात है कि पृथ्वी पर कुछ ऐसे जीव हैं—जीवाणु तथा शैवाल—जो उबलते जल के ताप पर अपनी वृद्धि करते रह सकते हैं। इसी तरह कुछ जीव हिमांक से निम्न ताप पर भी जीवित रहते हैं।

ज्यों-ज्यों हम अंतरिक्ष के अन्य ग्रहों की जानकारी प्राप्त करते जा रहे हैं त्यों-त्यों पृथ्वी के भूत और भविष्य की हमें नवीन जानकारी होगी और जीवविहीन जगत् भी हमारे लिए सूचनाप्रद बन सकते हैं। अभी तो हमें सौरमंडल के ग्रहों का ही

ब्रह्मांड में जीवन (विविध रूप)

प्रत्यक्ष ज्ञान है।

हाल ही में बुध तथा मंगल ग्रहों पर मानवरहित अंतरिक्ष यान भेजे गए हैं। बृहस्पति में वायुमंडल न होने तथा उच्च ताप के कारण जल तथा कार्बनिक अणु तक नहीं हैं। बुध में, जो कि पृथ्वी जैसा है, जीवन की कुछ-कुछ संभावनाएँ व्यक्त की गई हैं। गल्प लेखकों ने बुध में जंगल तथा दलदल बताते हुए सरीसृपों तथा जल-जलचरों की कल्पना की है; किंतु रेडियो दूरबीन से उनका यह मोहक संसार ध्वस्त हो चुका है।

सूर्य के चौथे ग्रह मंगल में खगोलविदों ने बुद्धिमान प्राणियों के होने की संभावना व्यक्त की थी, किंतु जब से मानवरहित अंतरिक्ष यान भेजे गए हैं तबसे यह धारणा असत्य सिद्ध हो चुकी है। मंगल ग्रह की नहरें कभी की असत्य घोषित हो चुकी हैं।

बृहस्पति, शनि, वारुणी, वरुण तथा यम ऐसे ग्रह हैं, जिनमें जीवन की संभावना से इनकार किया गया है। एक तो सूर्य से दूर होने के कारण वे ठंडे हैं, विशाल आकार-प्रकार के होते हुए भी पृथ्वी की तुलना में कम सघन हैं और संभवतया गैसीय अवस्था में हैं, जिससे उनपर जीवन संभव नहीं है।

बाह्य अंतरिक्ष में सभ्यताएँ

जीवन से बढ़कर रोमांचक होगा बुद्धिमान जीवन की खोज तथा उनके साथ संपर्क स्थापित करना।

चूँकि दूरबीन से विभिन्न ग्रहों पर परिस्थितियों का ज्ञान नहीं हो सकता था इसलिए बहुत काल तक बुद्धिमान प्राणियों की कल्पना को प्रश्रय मिलता रहा। खगोलविद् तर्क देते रहे कि ये प्राणी हमसे संपर्क करना चाहेंगे, यदि उन्हें ज्ञात हो जाए कि पृथ्वी पर बुद्धिमान प्राणी हैं।

यह बताने के लिए, हमारी पृथ्वी पर बुद्धिमान प्राणी हैं बड़े आकार के अक्षर, संकेत या ज्यामितीय आकृतियों का प्रयोग किया गया, जिससे वे मंगल, शुक्र तथा चंद्रमा पर दिख सकें। कुछ लोगों ने बड़ी-बड़ी नालियों में तेल भरकर जलाया जिसकी लपटें निकटवर्ती ग्रहवासी (यदि हों) देख सकें और समझें कि पृथ्वी सभ्य लोगों से बसी है। किंतु ऐसे विचार अव्यावहारिक थे।

उन्नीसवीं सदी के अंत में रेडियो के ईजाद के बाद 1920 में अंतरिक्ष में रेडियो संकेत भेजे गए। कभी-कभी कुछ संकेत वापस आते बतलाए गए।

1960 में अंतरिक्ष से नियमित विद्युत् चुंबकीय स्पंद प्राप्त होने की खबर से खलबली मच गई। किंतु बाद में पता चला कि ये प्राकृतिक संकेत हैं, जो असामान्य तारकों-पल्सार से उत्सर्जित होते हैं।

यदि हम पृथ्वी से कोई रेडियो संकेत भेजें तो उसे निकटतम तारे तक पहुँचने में 4.4 वर्ष लगेंगे। उसका उत्तर मिलने में भी इतना ही समय लगेगा। इस तरह के संवाद में 9 वर्ष लग जाएँगे। इसलिए अन्य तारों से दुतरफा संवाद असंभव है।

तो क्या हम ब्रह्मांड में अकेले हैं?

प्रोजेक्ट साइक्लोप में बहुत विस्तृत क्षेत्रवाली रेडियो दूरबीन अमेरिका में स्थापित की गई है। इससे 100 प्रकाशवर्ष दूर से संकेत का पता चल सकेगा। हमारे देश में पुणे के पास विशाल रेडियो दूरबीन से ऐसी सभ्यता का पता चल सकेगा।

तब शायद हम अकेले प्राणी न हों अंतरिक्ष के। अभी तो हम ब्रह्मांड में अकेले हैं—इसीलिए प्रकृति के साथ छेड़छाड़ भी करते हैं।

पृथ्वी पर ही जीवन क्यों?

हम चाहे जिस भी ग्रह में उत्पन्न होते, हमें उसी ग्रह में अपने शरीर को

बनानेवाले आवश्यक तत्त्व कार्बन, हाइड्रोजन तथा ऑक्सीजन की पर्याप्त मात्रा होनी चाहिए थी। इनके अतिरिक्त अल्प मात्रा में कैल्शियम, फॉस्फोरस और लोहा आदि भी।

साथ ही हमें वायुमंडल में न तो मीथेन चाहिए, न सल्फर डाइ ऑक्साइड, न अमोनिया जैसी विषैली गैसें—जैसीकि सौरमंडल के अन्य ग्रहों में हैं। अज्ञात ग्रह पर गुरुत्वाकर्षण इतना होना चाहिए कि यह वायुमंडल को बाँधे रह सके। गुरुत्वाकर्षण इतना भी अधिक न हो कि चलने-फिरने में कठिनाई हो।

हमारी पृथ्वी इन सभी शर्तों को पूरा करती है और सूर्य उसे आवश्यक ऊर्जा प्रदान कर रहा है। इतना ही नहीं, पृथ्वी पर हमें अन्य सुविधाएँ भी मिली हुई हैं—यथा वायुमंडल में ओजोन परत, जो सूर्य की मारक 'पराबैंगनी प्रकाश किरणों' से सुरक्षा-कवच का काम करती है। पृथ्वी का चुंबकीय क्षेत्र भी हमारे लिए कम महत्त्व का नहीं। इसके बिना पृथ्वी पर ब्रह्मांड किरणों तथा कणों की लगातार बमबारी होती रहती।

सूर्य से भिन्न अन्य किसी तारे के इर्द-गिर्द इस प्रकार की जीव सृष्टि संभव भी नहीं है।

हम भाग्यशाली हैं पृथ्वी जैसे ग्रह को पाकर। इसीलिए हम उसकी वंदना माता रूप में करते हैं।

'माता भूमिः पुत्रोऽहं पृथिव्याः।'

□

अध्याय 5

अंतरिक्ष प्रौद्योगिकी

कब उछाली हुई वस्तु नीचे नहीं आती? ब्रह्मांड वेग

यदि कोई वस्तु 11.23 किलोमीटर प्रतिसेकेंड गति से उछाली जाए तो वह पृथ्वी पर फिर से वापस नहीं आती। यदि उपग्रह को पृथ्वी से काफी ऊँचाई पर प्रक्षिप्त किया जाए—मान लो कि 500 किलोमीटर ऊँचाई पर 7.7 किलोमीटर प्रतिसेकेंड गति प्रदान की जाए—तो वह धरती की गोलाकार परिक्रमा करता रहेगा। यह उपग्रह उसी तरह परिक्रमा करेगा जैसेकि चंद्रमा पृथ्वी की परिक्रमा करता है या पृथ्वी सूर्य की। यदि यही वेग 8.2 किलोमीटर प्रतिसेकेंड कर दिया जाए तो उपग्रह की कक्षा वृत्ताकार न होकर दीर्घवृत्ताकार (अंडाकार) हो जाएगी।

इसी तरह यदि इसी उपग्रह को 11.1 किलोमीटर प्रतिसेकेंड का वेग प्रदान किया जा सके तो वह पृथ्वी से 4,00,000 किलोमीटर दूर पहुँच जाएगा—चंद्रमा के बिलकुल पास।

यदि इस उपग्रह का वेग बढ़ाकर 11.2 किलोमीटर प्रतिसेकेंड कर दिया तो इसकी कक्षा परावलय के आकार में होगी।

इस तरह गति को थोड़ा-थोड़ा बढ़ाया जाए तो पृथ्वी का गुरुत्वाकर्षण समाप्त हो जाएगा और उपग्रह बाह्य अंतरिक्ष में आ जाएगा।

इसलिए 11.23 किलोमीटर प्रतिसेकेंड गति को 'ब्रह्मांड वेग' (Cosmic velocity) कहते हैं। यह न्यूनतम प्रारंभिक वेग है।

इसी तरह यदि प्रारंभिक गति 16.7 किलोमीटर प्रतिसेकेंड कर दी जाए तो उपग्रह सूर्य के गुरुत्वाकर्षण को पार कर गहरे अंतरिक्ष में पहुँच जाएगा। यह 'सुदूर अंतरिक्ष वेग' कहलाता है। यदि उपग्रह को पृथ्वी की परिक्रमा की दिशा में छोड़ा

जाए, यानी पश्चिम से पूर्व की ओर छोड़ा जाए, तो उसमें पृथ्वी की घूमने की गति जुड़ जाएगी। अत: रॉकेट का वेग बढ़ेगा।

यदि उसे पश्चिम दिशा में छोड़ा जाए तो रॉकेट का वेग घटेगा। भूमध्य रेखा पर पूर्व दिशा की ओर निम्न कोण पर उपग्रह को छोड़ना आसान है, अपेक्षा अधिक कोण पर छोड़ने के।

अंतरिक्ष यान के भीतर तैरता हुआ यात्री

जब हम कुरसी पर बैठते हैं तो गुरुत्वाकर्षण शक्ति के कारण हमारा शरीर कुरसी से चिपका रहता है।

किंतु अंतरिक्ष में कोई भी गुरुत्वाकर्षण नहीं, इसलिए अंतरिक्ष यान में यदि यात्री को कुरसी से बाँधा न जाए तो वह तैरने लगेगा।

तब वह कैसे खाएगा और पिएगा? है न कठिनाई! इसीलिए सभी लोग अंतरिक्ष यात्री नहीं बन सकते।

रॉकेट कैसे चलता है

ज्वलन (Combustion) के लिए ईंधन तथा ऑक्सीकारक (Oxidiser) दोनों चाहिए। ईंधन तथा ऑक्सीकारक से युक्त आदर्श ईंधन 'प्रणोदक' (Propellent) कहलाता है।

रॉकेट एक 'प्रतिक्रिया यंत्र' (Reaction engine) है। यह ईंधन के ज्वलन हेतु वायु पर निर्भर नहीं करता। इसमें ईंधन तथा ऑक्सीकारक, दोनों भरे रहते हैं।

रॉकेट के उड़ान पथ को 'प्रक्षेप पथ' (Trajectory) कहते हैं। यदि यह 'उड़ान बंद परिपथ' (Closed circuit) बनाए तो उसे 'कक्ष' या 'परिक्रमा पथ' कहते हैं।

एक बार उड़ान कक्ष में पहुँचने के बाद एक उपग्रह अपनी 'जड़ता' (Inertia) से स्वयं आगे बढ़ता है—यानी उड़ते रहने के कारण वह उड़ता रहेगा।

किसी भी प्रक्षेप्य (Projectile) को अपनी कक्षा पूरी करने में जितना समय लगता है उसे 'परिक्रमा अवधि' (Orbital period) कहते हैं। किसी भी वस्तु को अपनी कक्षा का एक चक्कर लगाने में जो समय लगता है वह उसकी ऊँचाई पर निर्भर करेगा।

यदि किसी उपग्रह को पृथ्वी से 35,809 किलोमीटर की ऊँचाई पर गोलाकार कक्षा में स्थापित करें और यदि उसकी गति 3076 किलोमीटर प्रतिसेकेंड हो तो वह तेईस घंटे छप्पन मिनट चार सेकेंड में पृथ्वी का चक्कर लगा लेगा और यही पृथ्वी

रॉकेट

की परिक्रमा का समय है। अतः जो उपग्रह इस प्रकार छोड़ा जाएगा वह पृथ्वी पर खड़े दर्शक को स्थिर लगेगा; क्योंकि पृथ्वी तथा उपग्रह, दोनों एक ही गति से चल रहे होते हैं। कक्षा में स्थापित कृत्रिम उपग्रह अंतरिक्ष वायुमंडल से परे 150 से 500 किलोमीटर की ऊँचाई पर उड़ता है, जहाँ वायु का दबाव नगण्य हो जाता है। हमारे वायुमंडल की ऊपरी सीमा 2001-3000 किलोमीटर है।

अंतरिक्ष में कृत्रिम उपग्रह : अंतरिक्ष युग का सूत्रपात

अंतरराष्ट्रीय भू-भौतिकी वर्ष (1 जुलाई, 1957 से 31 दिसंबर 1958) में अमेरिका तथा सोवियत संघ ने अंतरिक्ष में कृत्रिम उपग्रह छोड़ने के लिए रॉकेटों का प्रयोग किया। इस होड़ में सोवियत संघ विजयी हुआ। उसने 4 अक्तूबर, 1957 को स्पुतनिक-1 को प्रक्षेपण करके अंतरिक्ष में पहुँचा दिया। इस स्पुतनिक का भार केवल 84 किलोग्राम था।

जिसे हम कृत्रिम उपग्रह या सैटेलाइट कहते हैं उसे ही रूसी में 'स्पुतनिक' कहा जाता है।

इस प्रथम भू-उपग्रह के बाद स्पुतनिक-2, लाइका, स्पुतनिक-3, 4, 5, 9, 10 छोड़े गए।

प्रथम मानवयुक्त रूसी अंतरिक्ष यान 'वोस्तोक' था। इसके रॉकेट में छह इकाइयाँ थीं। यूरी गैगरिन पहला अंतरिक्ष यात्री था (जन्म 9 मार्च, 1934)। वह 108 मिनट तक पृथ्वी के चक्कर लगाकर सफलतापूर्वक उतर आया। यह उड़ान 12 अप्रैल, 1961 को भरी गई।

चंद्रमा पर मनुष्य के चरण

अमेरिका ने मानवचालित अंतरिक्ष उड़ान का कार्यक्रम 1958 में ही 'मरकरी' परियोजना में विकसित कर लिया था।

अमेरिकी वैज्ञानिक चंद्रमा पर मानव उतारने के लिए प्रयत्नशील थे। इसके लिए रॉकेट विकसित किए गए और अपोलो-1 छोड़ा गया; किंतु 27 जनवरी, 1967 को दुर्घटनाग्रस्त हो गया, जिससे तीनों अंतरिक्ष यात्री मारे गए। अक्तूबर 1968 में अपोलो-7 पुनः तीन अंतरिक्ष यात्रियों सहित उड़ा, लेकिन ये यात्री चंद्रमा की कक्षा में उड़ते रहे। किंतु 16 जुलाई 1969 को प्रक्षेपित अपोलो-11 की ऐतिहासिक उड़ान में नील आर्मस्ट्रांग तथा एडविन आल्ड्रिन चंद्रमा पर उतरनेवाले प्रथम मानव थे। ये अंतरिक्ष सूट पहने थे। उन्होंने चंद्रमा पर अमेरिकी झंडा फहराया, जिसपर लिखा था 'जहाँ चंद्रमा पर धरती के मानव ने पहली बार चरण रखा। जुलाई 1961 हम यहाँ पर समस्त मानवता के लिए शांति की कामना लेकर आए।' इन यात्रियों ने चंद्रमा की चट्टानों तथा मिट्टी के नमूने लिये, जिनका भार 21.75 किलोग्राम था। वहाँ पर कुछ यंत्र भी छोड़े और साढ़े-तीन घंटे बाद लौट पड़े। फिर अपोलो-12,

अपोलो-13, अपोलो-14, 15, 16 तथा 17 क्रमशः छोड़े गए, जो अधिकाधिक अवधि तक चंद्रमा पर रहे। इसीके साथ अमेरिका ने चंद्रमा के अन्वेषण का कार्य दिसंबर 1972 को बंद कर दिया।

रूसी प्रयास

सोवियत वैज्ञानिकों ने चंद्रमा की तीन उड़ानों में एक ऐसी उड़ान-क्रिया का विकास किया, जो न केवल चंद्रमा के अन्वेषण में सफल हुई, अपितु उन्होंने अपने अंतरिक्ष यान को चंद्रमा पर सफलतापूर्वक उतार दिया और चंद्रमा से मिट्टी ले आने में सफलता प्राप्त की। सितंबर 1970 को लूना-16 'सी ऑफ फर्टिलिटी' के निकट उतरा और मिट्टी खोदकर वापस आ गया। इसके बाद 17 नवंबर, 1970 को लूनोखोद प्रयोगशाला से लैस लूना-17 ने उड़ान भरी। यह ग्यारह महीनों तक चंद्रमा पर रही और इसने 10,540 मीटर की यात्रा की, चंद्रमा के 80,000 वर्गमीटर सतह के चित्र लिये। इसके बाद लूना की चंद्रमा तक उड़ानें चलती रहीं। ऐसे अभियान 1976 तक चलते रहे। इससे चंद्रमा के विभिन्न भागों से पर्याप्त मिट्टी और चट्टानें एकत्र की गईं।

अंतरिक्ष शटल

अंतरिक्ष में उपग्रहों को अथवा मानव को भेजने के लिए काफी समय से रॉकेटों का इस्तेमाल होता आ रहा है। ये रॉकेट उपग्रह अथवा अंतरिक्ष स्टेशन या रॉकेट को अंतरिक्ष में स्थापित करने के बाद अथवा मानव को अंतरिक्ष में पहुँचाने के बाद नष्ट हो जाते हैं। इस तरह रॉकेट केवल एक बार (एक मिशन के लिए) प्रयुक्त किए जा सकते हैं। इसमे अत्यधिक व्यय होता है। फलतः व्यय कम करने के उद्देश्य से अमेरिका ने पहली बार अंतरिक्ष शटल (Space Shuttle) का निर्माण किया, जिसकी पहली उड़ान 12 अप्रैल, 1981 को भरी गई। इससे अंतरिक्ष परिवहन तथा अंतरिक्ष में अनेक प्रकार के दुर्लभ प्रयोग संपन्न करने में मदद मिली है। यही नहीं, अंतरिक्ष में प्रमोचन की कीमत को काफी कम किया जा सका है। इनकी सैनिक क्षमताएँ भी अपार हैं।

इस प्रथम अंतरिक्ष शटल का नाम 'कोलंबिया' था। इसका भार 75 टन था। इसपर जॉन यंग तथा रॉबर्ट क्रियेन नामक दो अंतरिक्ष यात्री सवार थे। इसने 54 घंटों में पृथ्वी की छत्तीस बार परिक्रमा की और 14 अप्रैल को यह शटल भूमि पर वापस आ गई।

11 अप्रैल, 1983 को दूसरे शटल 'चैलेंजर' ने पहली उड़ान भरी। 24 नवंबर,1983 को चैलेंजर को 'स्पेस लैब' के साथ नौ दिनों के लिए प्रक्षेपित किया गया।

अंतरिक्ष शटल की तीसरी अमेरिकी शटल 'डिस्कवरी' 30 अगस्त, 1984 को पाँच अंतरिक्ष यात्रियों के साथ छोड़ी गई, जिसमें एक महिला भी थी।

नवीनतम अमेरिकी शटल 'अटलांटिस' है। अमेरिकी शटलों ने जब पच्चीसवीं बार उड़ान-भरी तो चैलेंजर शटल दुर्घटनाग्रस्त हो गया। यह 24 जनवरी, 1986 का दिन था। इसके बाद उड़ानें स्थगित कर दी गईं, किंतु अमेरिका ने सैनिक अंतरिक्ष कार्यक्रम के अंतर्गत 16 अप्रैल,1986 को पुन: उड़ानें चालू कर दीं।

अमेरिका की देखादेखी फ्रांस ने 'हर्म्स शटल', रूस ने 'बुरान शटल', जापान ने 'होप शटल' बनाए हैं।

नए किस्म की अंतरिक्ष शटलें : स्पेस प्लेन

अंतरिक्ष शटल को पुन: प्रयोज्य यान (Reusable launch vehicle) की संज्ञा प्रदान की जाती है; क्योंकि अमेरिकी शटल अनेक अंतरिक्ष मिशनों के लिए इस्तेमाल में लाई जा सकती थी और लाई भी गई। इन पुन: प्रयोज्य यानों को स्पेस प्लेन (Space plane) यानी अंतरिक्ष यान भी कहा जाता है। स्पेस प्लेन से अभिप्राय एक ऐसे यान (वायुयान) से है जो सामान्य वायुयान की तरह उड़े और पृथ्वी पर उतरे तथा अंतरिक्ष की सीमाओं में प्रवेश कर सके।

कार्यप्रणाली

अमेरिकी अंतरिक्ष शटल पृथ्वी से एक रॉकेट की भाँति उड़ती है और वापसी में एक सामान्य वायुयान की तरह पृथ्वी पर उतरती है। अंतरिक्ष तक पहुँचाने में दो ठोस रॉकेट बूस्टर तथा ईंधन से भरी एक बाह्य टंकी का इस्तेमाल किया जाता है। पृथ्वी से उठने के दो मिनट बाद ठोस रॉकेट बूस्टर पृथ्वी पर गिर जाते हैं जिन्हें एकत्र करके पुन: उड़ानों के लिए प्रयुक्त किया जाता है। उसके बाद बाह्य टंकी शटल को अंतरिक्ष में पहुँचाने के बाद अलग हो जाती है। अब बचता है शटल का आर्बिटर अंश, जो अंतरिक्ष में घूमता है और यही आर्बिटर पृथ्वी पर वापस आता है। 'स्काईलन' नामक नवीन स्पेस प्लेन में वायुयान तथा अंतरिक्ष शटल, दोनों के गुण संयुक्त कर दिए गए हैं।

अंतरिक्ष शटल से लाभ

पर्यावरण तथा औद्योगिक विकास में अंतरिक्ष शटल महत्त्वपूर्ण भूमिका निभा सकती है। सौरमंडल में उपलब्ध खनिज पृथ्वी की तुलना में काफी अधिक मात्रा में हैं। अंतरिक्ष बस्तियाँ बनाकर तथा इन खनिजों का अंतरिक्ष में ही उपयोग कर बढ़ती मानव जनसंख्या की समस्या का हल ढूँढ़ने में अंतरिक्ष शटलों का व्यवहार संभव है। हाँ, ऐसा तभी संभव है जब इनके प्रमोचन-व्यय कम हो सकें। बिना पायलटवाली शटलों के द्वारा ऐसा हो सकता है। तब प्रतिदिन सैकड़ों उड़ानें संभव हो सकेंगी।

कुछ सुधरी अंतरिक्ष शटलें हैं—ब्रिटेन का 'होटोल', जर्मनी का 'सांगमेर' तथा 'स्काईलन'। इनके द्वारा अनेक व्यक्ति तथा 15 टन की सामग्री अंतरिक्ष ले जाई जा सकेगी।

कक्षीय स्टेशन

अंतरिक्ष अनुसंधान में आठवें दशक में कक्षीय प्रयोगशालाओं का विकास और कक्षा में दीर्घकाल तक उड़ानें इसकी विशेषताएँ रहीं। प्रक्षेपण, कक्षीय उड़ान, एक यान से दूसरे यान को जोड़ने और अलग करने तथा पृथ्वी पर उतरने की तकनीकों के विकास के बाद स्वाभाविक था कि अंतरिक्ष की शून्यता और भारहीनता के अनुपयुक्त वातावरण में दीर्घकाल तक मनुष्य के रहने और वहाँ पर रुककर वैज्ञानिक परीक्षण करने की छानबीन की जाए, जिससे अंतरिक्ष में रहने पर मनुष्य के शरीर पर कोई दुष्प्रभाव न पड़े। साथ ही, उड़ान के दौरान जीवनोपयोगी वस्तुएँ उपलब्ध रहें—यथा समुचित मात्रा में ऑक्सीजन, भोजन, पानी और ईंधन मिलता रहे। किंतु एक बार में दीर्घकाल के लिए इतनी वस्तुएँ अंतरिक्ष में पहुँचाना चुनौती भरा कार्य होगा। इसलिए अमेरिका तथा सोवियत संघ (रूस), दोनों के वैज्ञानिकों ने सोचा कि सर्वप्रथम मानवरहित एक प्रयोगशाला अंतरिक्ष में स्थापित कर दी जाए और उसके बाद ही कर्मीदल को परिवहन अंतरिक्ष यान में भेजा जाए। जब प्रयोग पूरे हो जाएँ तो कर्मीदल को इसी परिवहन यान से पृथ्वी पर वापस लाया जाए।

इस तरह मानवरहित अंतरिक्ष प्रयोगशाला ही 'कक्षीय स्टेशन' कहलाए—जैसे कि लंबी दूरी तक जानेवाली रेलगाड़ी के लिए विराम स्थल स्टेशन कहलाते हैं। ऐसे कक्षीय स्टेशनों के आवासीय भाग में जीवनोपयोगी सारी सुविधाएँ रहती हैं—इसमें तापानुकूलित वायुदाब नियंत्रण, उष्मा नियंत्रण प्रणाली, टेलीविजन और संचार व्यवस्था के साथ ही पर्यवेक्षण के लिए आवश्यक उपकरणों का प्रबंध रहता है।

प्रारंभ में रूसी वैज्ञानिकों ने एक बंद परिपथ प्रणाली का परीक्षण किया, जिसमें ऑक्सीजन बनाने और कार्बन डाइ ऑक्साइड को शोषित करने के लिए 'क्लोरेल्ला' शैवाल का प्रयोग किया। उन्होंने अंतरिक्ष यान में अंतरिक्ष यात्रियों के मल-मूत्र का खाद के रूप में उपयोग करके सब्जियों को उगाने के लिए प्रयास किया। लेकिन आंशिक सफलता ही मिली। इसलिए लंबी अवधि तक अंतरिक्ष यात्रियों को रखने के लिए नियमित समय पर मानवरहित या मानवचालित परिवहन अंतरिक्ष यानों द्वारा ईंधन, ऑक्सीजन, भोजन, जल—सभी भेजा जाता है।

स्काई लैब या अंतरिक्ष प्रयोगशालाएँ

'स्काई लैब' कक्षीय स्टेशन विभिन्न इकाइयों का ऐसा समूह है जो रॉकेट के अग्रभाग में रखे गए थे। इस संपूर्ण स्टेशन का भार 90,265 किलोग्राम और कुल लंबाई 32.12 मीटर है। यह अमेरिका द्वारा विकसित की गई।

इसमें अंतरिक्ष यात्रियों सहित कमांड तथा सर्विस मोडूलों को पहले अंतरिम कक्षा में स्थापित किया जाता है, जहाँ से उसे स्काई लैब की कक्षा में पहुँचा देते हैं।

14 मई, 1973 को मानवरहित स्काई लैब को 'सैटर्न वी रॉकेट' के साथ इसकी कक्षा में स्थापित किया गया। मानवचालित प्रयोगशाला का नाम स्काई लैब-2 रखा गया। इसे 28 जुलाई, 1973 को प्रक्षेपित किया गया। यह लगभग दो महीने मिशन कक्ष में रही। इसके बाद स्काई लैब-3 को 84 दिनों के लिए छोड़ा गया।

अंतरिक्ष में यान के बाहर काम करने की मनुष्य की क्षमता का परीक्षण करने के अतिरिक्त स्काई लैब प्रयोगशाला में काम करनेवाले यात्रियों ने धातुएँ पिघलाईं, उन्हें जोड़ा और ढलाई की। यह स्काई लैब-3 में संपन्न हुआ, जो कुल 171 दिनों तक कार्यरत रही।

सोवियत वैज्ञानिक भी पीछे नहीं रहे। लगातार कक्षीय परिक्रमा करते रहनेवाले ऐसे अंतरिक्ष स्टेशनों की स्थापना के लिए बहुउद्देशीय अंतरिक्ष यानों का निर्माण हुआ। उन्होंने ऐसे यानों का नाम 'सोयूज' रखा (जिसका अर्थ है मिलन)। इसका भार 6,800 किलोग्राम तथा लंबाई 7.5 मीटर थी। इन्हें 30 दिन तक की यात्रा के लिए सक्षम बनाया गया। सोयूज-1 को 2 अप्रैल, 1967 को छोड़ा गया था, जो उतरते समय दुर्घटनाग्रस्त हो गया। उसके बाद अन्य सोयूज छोड़े जाते रहे।

बाद में, 1971 में सोल्युत नाम से कक्षीय प्रयोगशालाएँ प्रक्षेपित की गईं। इसके बाद 1975 में रूसी-अमेरिकी संयुक्त अंतरिक्ष कार्यक्रम बना, जिसे 'अपोलो-

सोयूज उड़ान' के नाम से पुकारा जाता है। इस उड़ान के लिए रूसी तथा अमेरिकी वैज्ञानिकों ने 'डाकिंग प्रणाली' विकसित की। इस प्रणाली का अर्थ था कि किसी भी देश का अंतरिक्ष यान आपात्काल में दूसरे देश के अंतरिक्ष यान के साथ जुड़ करके, एक यान से दूसरे यान में चालकों को स्थानांतरित करके जीवनदान दे सकता है।

फिर तो 'इंटर कास्मास' कार्यक्रम के अंतर्गत विभिन्न देशों के कर्मी परस्पर कार्य-विनिमय करने लगे।

भारतीय-सोवियत अंतरिक्ष उड़ान

रूस से सोल्युत-7 में एक भारतीय अंतरिक्ष यात्री को ले जाने का प्रस्ताव किया तो भारतीय एयर फोर्स के कार्मिक विंग कमांडर रविश मलहोत्रा तथा स्क्वाड्रन लीडर राकेश शर्मा को उड़ान के लिए चुना गया और उन्हें मास्को के पास 18 महीने के लिए प्रशिक्षण पर भेजा गया। इनमें से राकेश शर्मा ही साल्युत-7 में गए और उसकेभीतर जो प्रयोग किए उनमें भारहीनता और शून्य गुरुत्व संबंधी प्रभावों को दूर करने में यौगिक व्यायाम भी सम्मिलित थे। किंतु सबसे महत्त्वपूर्ण प्रयोग था कैमरा द्वारा 'भारतीय पृथ्वी का फोटो' लेना। इस तरह भारतीय तटों तथा गुजरात, कर्नाटक, पश्चिमी घाट के जंगलों का मानचित्र खींचा गया।

अंतरिक्ष प्रयोगशालाओं में किए गए जैविक प्रयोग

पहला अंतरिक्ष यात्री होने का गौरव यदि किसीको प्राप्त है तो वह 'लाइका' नाम की कुतिया है, जिसे 3 नवंबर, 1957 को रूस ने स्पुतनिक-2 में धरती से भेजा था। वह कुतिया अंतरिक्ष में ही मर गई।

1959 में अमेरिका ने मर्करी प्रोजेक्ट के अंतर्गत 'सैम' नामक बंदर को प्रायोगिक कैप्सूल में अंतरिक्ष में भेजा। वह सकुशल लौट आया। 1960 में तीन चूहे, 1961 में 'हैम' नामक चिंपैंजी को भेजा गया। इसी वर्ष रूस में पहले मानव को अंतरिक्ष में भेजकर एक क्रांतिकारी रिकॉर्ड कायम किया।

अंतरिक्ष में जन्म देने का प्रयोग पहले-पहल 1979 में रूसी वैज्ञानिकों ने किया। यह प्रयोग 'मीर' नामक अंतरिक्ष स्टेशन में किए गए।

फिर 1984 में मानवविहीन अंतरिक्ष यान दीर्घकालीन प्रयोग के लिए अंतरिक्ष में स्थापित किया गया। यह छह वर्षों तक चक्कर लगाने के बाद 1990 में 'कोलंबिया' अंतरिक्ष शटल द्वारा पृथ्वी पर वापस लाया गया। इस अवधि में विभिन्न जीवों पर सत्तावन प्रयोग किए गए। इसमें टमाटर के बीज बोए तथा उगाए गए। इसमें कीड़ों-

मकोड़ों, मेढकों, मछलियों और चूहों के साथ प्रयोग किए गए।

अमेरिकी अंतरिक्ष शटल 'एंडेवर' की 'स्पेस लैब' में 1992 में पचास नए प्रयोग किए गए। ये मेढक के अंडों के निषेचन से संबंधित थे। रोगों के विषय में भी जानकारी प्राप्त की गई।

जनवरी 1993 में 'डिस्कवरी' अंतरिक्ष शटल में भी एक प्रयोगशाला संलग्न थी। इसी तरह 'अटलांटिस' में भी प्रयोगशाला लगी थी। अंतरिक्ष में पौधों पर किए गए प्रयोगों से पता चला है कि वे सफलतापूर्वक बढ़ते हैं। यही नहीं, अंतरिक्ष में पौधों के बीज जब धरती पर लाकर उगाए गए तो वे स्वस्थ और फल देनेवाले पौधों के रूप में पाए गए। मूँग, गेहूँ, जई फसलों की वृद्धि अंतरिक्ष में पृथ्वी की तुलना से अधिक पाई गई।

अंतरिक्ष यात्रियों पर लंबी यात्रा से जो कुप्रभाव लक्षित हुए, उनमें थे पेशियों का सिकुड़ जाना और कमजोर होना, जिससे यात्री चल फिर नहीं पाते। कैल्शियम का निर्माण बंद हो जाता है, फलतः लंबी यात्रा से लौटे यात्रियों की हड्डियों के टूटने का डर रहता है। रक्त का प्रवाह सिर की ओर होने से भी अनेक दोष उत्पन्न हो सकते हैं। यात्रियों की लंबाई में 5-7 सेंटीमीटर की बढ़ोतरी भी पाई गई। रक्त प्रवाह का अध्ययन करने के लिए यात्रियों को प्रेशर सूट पहनाए गए।

भविष्य में कूड़े-कचरे के पुनर्चक्रण और संसाधन की नवीन तकनीकें, अंतरिक्ष में मछली पालन तथा चंद्रमा पर ऐसा एक कक्ष भेजने की योजना है।

अंतरिक्ष सूट क्या है?

अंतरिक्ष में अपने यान से बाहर निकलकर कक्षा में आने के लिए आवश्यक है कि अंतरिक्ष यात्री विशेष प्रकार का पहनावा (सूट) काम में लाए, जिससे वह कक्षा में रहकर कोई कार्य कर सके। ये सूट सामान्य सूट जैसे नहीं होते। इनका उद्देश्य अंतरिक्ष की शून्यता एवं भारहीनता में मनुष्य के जीवन तथा कार्यक्षमता को बनाए रखना है। वस्तुतः अंतरिक्ष सूट एक तरह का लघु अंतरिक्ष केबिन होता है, जिसे मानव आकार के अनुरूप बनाया गया हो।

ऐसा सूट अग्नि-निरोधक, उष्मा-निरोधक तथा प्रकाश-निरोधक सामग्रियों के मिश्रण से बनाया जाता है। इसकी प्रत्येक परत सीलबंद होती है। हर सूट की अपनी विद्युत् व्यवस्था, संचार व्यवस्था होती है। इसमें मनुष्यों के कार्यों का लेखा-जोखा रखनेवाले यंत्र लगे रहते है। साँस लेने के लिए नलियाँ रहती हैं। हाथों तथा पैरों के लिए दस्ताने तथा जूते रहते हैं।

सोवियत अंतरिक्ष यानों में साँस लेने के लिए नाइट्रोजन तथा ऑक्सीजन का मिश्रण रहता है; किंतु अमेरिकी यानों में साँस लेने के लिए शुद्ध ऑक्सीजन का प्रबंध रहता है।

भारतीय अंतरिक्ष यात्री राकेश शर्मा ने जिस अंतरिक्ष सूट का प्रयोग किया था वह 'चिब्बिस' था, जो कि सोवियत वैज्ञानिकों द्वारा विकसित नए प्रकार का सूट था।

नाभिकीय शीत

'अंतरिक्ष में नियंत्रण रखनेवाला राष्ट्र ही विश्व को नियंत्रण में रखेगा।'

यदि कोई कक्षागत परमाणु बम जंगली इलाके के ऊपर विस्फोट करे तो दावाग्नि के साथ भीषण आँधी चलेगी, जिससे राख और धूल समताप मंडल में छा जाएगी। इससे पृथ्वी पर सूर्य की धूप आनी बंद हो जाएगी तथा इसके कारण पृथ्वी पर तापमान तेजी से घटने लगेगा। अतः जो लोग नाभिकीय विस्फोट से बचे रहेंगे, उन्हें ऐसी स्थिति में रहना होगा जिसे 'नाभिकीय शीत' कहकर पुकारा जाता है। 1983 के बाद यह शब्द प्रचलित हुआ है। इससे ताप में 40-45^0 का ह्रास होगा।

सातवें दशक में वैज्ञानिकों ने पता लगाया है कि वायुमंडल में किए गए नाभिकीय विस्फोटों से वायुमंडल की ओजोन परत नष्ट हो जाएगी।

चूँकि विस्फोट के समय वायु 2000^0 सेंटीग्रेड तक गरम हो जाती है। अतः नाइट्रोजन तथा ऑक्सीजन के संयोग से नाइट्रिक ऑक्साइड बनेगी, जो ओजोन को नष्ट करती है। इससे पराबैंगनी विकिरण पृथ्वी पर पहुँचकर मनुष्यों तथा पशुओं का संहार कर देगा।

नाभिकीय शीत 'हरित ग्रह प्रभाव' का उलटा है। धूपविहीन जाड़े की ऋतु, घनघोर ठंड तथा घना अंधकार मानव जाति के लिए घातक हो जाएगा। यहाँ तक कि मानव प्रजाति लुप्त हो सकती है। अनुमान है कि पृथ्वी पर महाप्रलय 6.5 करोड़ वर्ष पूर्व हुआ था, जब पृथ्वी के डायनासोर तथा अन्य प्राणी विलुप्त हो गए थे। ऐसी ही स्थिति फिर आ सकती है।

अंतरिक्ष प्रौद्योगिकी

1968 में स्व. डॉ. विक्रम साराभाई ने कहा था 'बाह्य अंतरिक्ष के शांतिपूर्ण अन्वेषण ने हमारी आँखें खोल दी हैं और यह बता दिया है कि पृथ्वी स्वयं में एक पूर्ण अंतरिक्ष यान है···अंतरिक्ष प्रौद्योगिकी को अंतरराष्ट्रीय स्तर पर अल्प विकास

स्रोतों के सर्वेक्षण और प्रबंध तथा विश्व स्तर पर प्रदूषण नियंत्रण जैसी कुछ अत्यंत व्यापक समस्याओं को हल करने के लिए अपनाया जा सकता है'।

बाह्य अंतरिक्ष अनुसंधान अब विज्ञान न रहकर प्रौद्योगिकी का रूप ले चुका है। इसे धरती को स्वच्छ तथा सुघड़ बनाने में हम प्रयुक्त कर सकते हैं।

अंतरिक्ष प्रौद्योगिकी ने एक ओर जहाँ उद्योगों के लिए नए द्वार खोले हैं, वहीं अंतरिक्ष बस्तियों के सपने को साकार होने दिया है। इतना ही नहीं, सबसे बड़ी समस्या ऊर्जा आपूर्ति की दिशा में हमें नवीन विकल्प प्रस्तुत किए हैं।

जो कल-पुरजे आसानी से पृथ्वी पर नहीं बन सकते थे, अंतरिक्ष में भारहीनता की दशा में आसानी से बनाए जा सकेंगे। चाहे संकर धातुओं का निर्माण हो या फोम इस्पात में बुलबुले लाने की बात हो, या पोले गोले बनाने का कार्य हो, इन्हें अंतरिक्ष में आसानी से किया जा सकता है।

अंतरिक्ष बस्तियों एवं स्काई लैब जैसे विराट् अंतरिक्ष कार्यक्रमों को अमेरिकी वैज्ञानिकों ने साकार कर दिखाया है। अब अंतरिक्ष में खेती करना, पशु-पक्षी पालना संभव हो सकेगा। इसी तरह सौर ऊर्जा का दोहन करके पृथ्वी पर बिजली की लागत कम की जा सकेगी।

भारत का अंतरिक्ष कार्यक्रम

भारत में प्रथम 'भूमध्यरेखीय प्रक्षेपण केंद्र' त्रिवेंद्रम से 16 किलोमीटर उत्तर थुंबा में 1963 से कार्यरत है। अनेक देश थुंबा में साउंडिग रॉकेटों का प्रयोग क.र चुके हैं।

20 नवंबर, 1967 को भारत का प्रथम रॉकेट 'रोहिणी-75' थुंबा से छोड़ा गया। कुछ लोगों ने इसे 'खिलौना' कहकर मजाक उड़ाया था। फिर देश में कई 'सेंतोर रॉकेट' बनाए गए।

7 अक्तूबर, 1971 को बंगाल की खाड़ी के तट पर

भारत का पहला उपग्रह आर्यभट्ट

स्थित श्रीहरिकोटा द्वीप से 'रोहिणी-125' रॉकेट छोड़ा गया। श्रीहरिकोटा को 'एस.एच.ए.आर.' कहा जाता है।

देश का प्रथम उपग्रह 'आर्यभट्ट' था, जिसे 19 अप्रैल, 1975 को सोवियत प्रक्षेपण मंच से प्रक्षेपित किया गया। आर्यभट्ट ने यह दर्शा दिया कि उपग्रह प्रौद्योगिकी में हमारा देश पूर्णतया समर्थ है। इसके बाद 7 जून, 1979 को 'भास्कर-1', फिर 20 नवंबर, 1981 को 'भास्कर-2' छोड़ा गया।

उपग्रहों का उपयोग मृदा तथा जल साधनों के विषय में सही सूचनाएँ प्राप्त करने के लिए किया जा सकता है। मौसम की पूर्व सूचना भी प्राप्त की जा सकती है।

भारतीय राष्ट्रीय भू-उपग्रह प्रणाली (इनसेट) दूरसंचार, दूरदर्शन प्रसारण और मौसम जानकारी में उपयोगी सिद्ध हो रही है। भारत अभी तक यूरोपीय अंतरिक्ष संस्था के 'एरियाने' नामक रॉकेट से भू-उपग्रह छोड़ने की सुविधा प्राप्त करता रहा है। अब भारत समर्थ है कि वह अपने लांचिंग रॉकेट से अपने भू-उपग्रह छोड़ सके।

यदि तीन उपग्रह पृथ्वी से 36,000 किलोमीटर दूर तुल्यकालिक कक्षा में हों तो विश्व-भर की संचार व्यवस्था चला सकते हैं।

भारत ने 1899 में ही कोडाईकनाल में एक सौर भौतिक प्रयोगशाला स्थापित की थी। 1947 में डॉ. विक्रम साराभाई ने अहमदाबाद में एक अंतरिक्ष अनुसंधानशाला कायम की। 1961 में परमाणु ऊर्जा विभाग को शांतिपूर्ण उद्देश्यों के लिए बाह्य अंतरिक्ष की खोज का कार्य सौंपा गया।

□

अध्याय 6

अंतरिक्ष का अध्ययन कैसे होता है

रेडियो तारक तथा रेडियो दूरबीनें

साइग्नस-ए (Cygnus-A) पहला रेडियो तारक (Radiostar) था। उसके बाद ब्रह्मांड में हजारों रेडियो तारक खोजे जा चुके हैं। आकाश गंगा में अनेक रेडियो

रेडियो दूरबीन

तारक हैं।

जनवरी 1961 में 'कैलीफोर्निया इंस्टीट्यूट ऑफ टेक्नोलॉजी' ने सूचना दी कि उसने प्रथम रेडियो तारक खोज लिया है, जहाँ से रेडियो संकेत उत्सर्जित होते हैं और उन्हें सुना जा सकता है।

हमारा सूर्य भी एक रेडियो तारक है। सौर ज्वालाएँ उठते समय तमाम कण निकलते हैं, जो रेडियो ध्वनि के कारण हैं।

अब रेडियो ब्रह्मांड विज्ञान (Radio Cosmology) का जन्म हो चुका है। इसके द्वारा बाह्य अंतरिक्ष में रेडियो तारकों के वितरण का अध्ययन किया जाता है।

सबसे बड़ी रेडियो दूरबीन न्यूमैक्सिको में है, जिसके छब्बीस एंटीना कई वर्ग किलोमीटर में फैले हैं।

कुछ महत्त्वपूर्ण दूरबीनें जर्मनी, इंग्लैंड, फ्रांस, ऑस्ट्रेलिया, कैलीफोर्निया में हैं, जिनके व्यास 37 मीटर से लेकर 305 मीटर तक हैं। इटली की रेडियो दूरबीन की लंबाई 1000 मीटर और ऑस्ट्रेलिया की दूरबीन की लंबाई 1600 मीटर बताई गई है।

जॉड्रेल बैंक (इंग्लैंड) की दूरबीन का व्यास केवल 37 मीटर है, किंतु इससे अनेक महत्त्वपूर्ण खोजें हुई हैं।

विश्व की विशालतम रेडियो दूरबीन

रेडियो तरंगें भी प्रकाश तरंगों की तरह विद्युत् चुंबकीय होती हैं, लेकिन तरंग दैर्ध्य बहुत अधिक होने से बाह्य अंतरिक्ष से इनके संकेतों को ग्रहण करने के लिए रेडियो दूरबीनों को बड़ा बनाना सुविधाजनक रहता है। मुंबई स्थित टाटा मूलभूत अनुसंधान संस्थान विश्व की सर्वाधिक शक्तिशाली और विशालतम रेडियो दूरबीन स्थापित कर रहा है। 'मीटर तरंग दैर्ध्य' पर कार्य करने के कारण इसका नाम 'विशाल मीटर तरंग रेडियो दूरबीन' (जी.एम.आर.टी.) रखा गया है। प्रो. गोविंद स्वरूप इस बहुचर्चित योजना के निदेशक हैं।

यह दूरबीन पुणे से 80 किलोमीटर दूरी पर खोडाड नामक स्थान पर निर्माणाधीन है। इस दूरबीन में 45 मीटर व्यास के तीस डिश एंटीना होंगे। इस दूरबीन का उपयोग राष्ट्रीय रेडियो खगोल भौतिकी केंद्र, पुणे द्वारा किया जाएगा।

इस दूरबीन से ब्रह्मांड की आरंभिक अवस्था में मंदाकिनियों के निर्माण के रहस्यों का पता लग सकेगा—विशेषतया महाविस्फोट के बारे में। इससे न्यूट्रॉन तारों यानी पल्सारों, क्वासारों की संरचनाओं का अध्ययन किया जा सकेगा। ब्रह्मांडीय सभ्यताओं की खोज भी की जा सकेगी।

वैसे ऊटी के पास नीलगिरी की पहाड़ियों में पहले से एक विशाल रेडियो दूरबीन 1960 से ही कार्यरत है।

माउंट आबू के पास गुरुशिखर में 1.2 मीटर व्यास की एक दूरबीन अवरक्त क्षेत्र में 1980 से प्रेक्षण कर रही है। दक्षिणी लद्दाख में हान्ले स्थान पर एक अवरक्त दूरबीन स्थापित की जाएगी।

पुणे में ही अंतरविश्वविद्यालय खगोलविज्ञान और खगोल भौतिक केंद्र है, जिसका निर्देशन डॉ. जयंत विष्णु नार्लिकर कर रहे हैं।

अंतरिक्ष में दूरबीन क्यों?

ब्रह्मांड के अध्ययन में दूरबीनों की भूमिका महत्त्वपूर्ण है। इनके द्वारा विभिन्न ग्रहों तथा नक्षत्रों से आनेवाले प्रकाश की तीव्रता का विश्लेषण करके उनके बारे में जानकारी प्राप्त की जाती है। पृथ्वी पर स्थापित शक्तिशाली दूरबीनें इस प्रकाश को ग्रहण करके खगोलीय पिंडों की सूचना जुटाती हैं। लेकिन इनके उपयोग की भी सीमा है। विशाल ब्रह्मांड के अनेक सुदूर खगोलीय पिंडों से आनेवाला प्रकाश पृथ्वी तक पहुँचते-पहुँचते वायुमंडल द्वारा शोषित कर लिया जाता है और इन दूरबीनों तक नहीं पहुँच पाता।

इस सीमा को तोड़ने के लिए वैज्ञानिकों तथा खगोलविदों ने अंतरिक्ष की कक्षा में दूरबीन स्थापित करने की योजना बनाई, ताकि ब्रह्मांड के विषय में विस्तृत अध्ययन किया जा सके। अंतरिक्ष में वायुमंडल की अनुपस्थिति के कारण ऐसी दूरबीन सुदूर खगोलीय पिंडों से आनेवाले प्रकाश को ग्रहण कर सकेगी।

अमेरिकी अंतरिक्ष संस्था नासा की 'हुबल अंतरिक्ष दूरबीन' 25 अप्रैल 1990 को फ्लोरिडा स्थित केनेडी अंतरिक्ष संस्थान से अंतरिक्ष शटल डिस्कवरी में रखकर अंतरिक्ष में प्रक्षेपित की गई। इसका नामकरण अमेरिकी खगोलशास्त्री एडविन हुबल के नाम पर किया गया। यह 13 मीटर लंबी है और 11,000 किलोग्राम भारवाली है। इससे 14 बिलियन प्रकाशवर्ष दूरी तक के खगोलीय पिंडों के प्रकाश ग्रहण किए जा सकेंगे। इस दूरबीन में 27 अरब रुपए की लागत आई। इसकी अनुमानित कार्य-अवधि 15 वर्ष है। यह बादल या मौसम से प्रभावित हुए बिना अहर्निश कार्य करती रहेगी।

कुछ वेधशालाएँ

आकाश का अध्ययन करने के लिए बनाया गया स्टेशन—इमारतों का समूह—

'तारकीय वेधशाला' या केवल 'नक्षत्र वेधशाला' कहलाता है। इसमें दूरबीनें तथा अन्य उपकरण लगे रहते हैं, जिनकी सहायता से खगोलवेत्ता प्रेक्षण करता है। सामान्यता ऐसे स्टेशन केवल 'वेधशाला' (Observatory) के नाम से पुकारे जाते हैं। किंतु अन्य प्रकार की भी वेधशालाएँ होती हैं; जैसे—मौसम वेधशाला, चुंबकीय वेधशाला, भूकंपी वेधशाला।

वेधशाला को शहर की चहल-पहल से दूर, किसी ऊँचे शांत स्थान पर स्थापित किया जाता है। वेधशाला का सबसे महत्त्वपूर्ण भाग गुंबद होता है, जिसमें दूरबीन रखी रहती है। यह गुंबद श्वेत पेंट से पुता होता है। दूरबीन प्राय: विशाल होती है। सबसे बड़ी दूरबीन काकेशस पर्वत पर लगी है, जिसके दर्पण का व्यास 600 सेंटीमीटर है। कैलीफोर्निया में हेल दूरबीन लगी है, जिसके दर्पण का व्यास 500 सेंटीमीटर है। दूरबीनों के द्वारा 500 गुना या अधिक प्रवर्धन होता है।

अब दूरबीन केमरा लेंस की भाँति कार्य करके फोटो भी खींचती हैं। माउंट पैलोमर तथा नेशनल ज्योग्रैफिक सोसायटी ने आकाश का फोटोग्राफी सर्वेक्षण पूरा किया है।

कुछ प्राचीन वेधशालाएँ

डैनिश खगोलवेत्ता टाइको ब्राहे ने सोलहवीं सदी में स्वीडन में वेनद्वीप में एक वेधशाला बनवाई थी। सर्वप्रथम 1609 में गैलीलियों ने आकाश दर्शन के लिए दूरबीन का प्रयोग किया। उसकी वेधशाला इंग्लैंड के ग्रीनविच स्थान पर 1675 में बनी। दक्षिणी गोलार्द्ध के लिए ला सेरेना के निकट चिली में वेधशाला बनाई गई। अमेरिका में पहली तारकीय वेधशाला चैपेल हिल में 1831 में बनी। उसके बाद माउंट हैमिल्टन में वेधशाला बनी। 1917 में माउंट विल्सन (कैलीफोर्निया) में 254 सेंटीमीटर वाली वेधशाला बनी। फिर 1948 में पैलोमर माउंटेन की वेधशाला स्थापित की गई। काला सागर के निकट सोवियत रूस ने 600 सेंटीमीटर व्यासवाले दर्पण की वेधशाला स्थापित की। ऐरिजोना (अमेरिका) में विश्व की सबसे बड़ी सौर वेधशाला स्थापित की गई है।

कनाडा में भी कई वेधशालाएँ हैं। भारत में जयपुर की वेधशाला, दिल्ली में जंतर-मंतर, बनारस, उज्जैन तथा मथुरा में बनी वेधशाला पुराने ढंग की वेधशालाएँ हैं। स्वतंत्रता प्राप्ति के बाद 1955 में नैनीताल (उत्तर प्रदेश) में आधुनिक प्रकार की राजकीय वेधशाला बनाई गई है।

बीसवीं सदी के प्रारंभ में तमिलनाडु में कोडाईकनाल स्थान पर एक सौर

वेधशाला बनी।

1960 में ऊटी के पास नीलगिरि पर्वत पर एक रेडियो दूरबीन स्थापित की।

अन्य वेधशालाओं का विवरण अन्यत्र देखें।

दिन में भी तारे देखे जा सकते हैं : नक्षत्रशालाएँ (प्लेनेटेरियम)

यदि कोई दिन में भी तारों से भरे आकाश का दर्शन करना चाहे तो उसे इस कार्य के लिए बनाई गई नक्षत्रशाला में जाना पड़ेगा।

इस नक्षत्रशाला का मुख्य अंग 'स्काई थियेटर' होता है, जिसमें एक अर्धगोलाकार गुंबद बना होता है। इसी गुंब्रद की छत पर एक विशेष प्रोजेक्टर की सहायता से तारों को प्रक्षेपित किया जाता है। यह प्रोजेक्टर बीचोबीच रहता है और गुंबद की छत परदे का काम करती है। स्काई थियेटर में घुसते ही बत्तियाँ मंद कर दी जाती हैं, जिससे नक्षत्रशाला के आकाश में तारे दिखना शुरू हो जाते हैं और कुछ ही देर में ऐसा लगता है मानो हम आकाश के नीचे बैठे हैं। प्रोजेक्टर के सिरों पर लगे दो गोलकों से तारों को प्रक्षेपित किया जाता है।

नक्षत्रशाला में किसी भी स्थान के आकाश को दिखाया जा सकता है। जैसेकि कलकत्ता में बैठकर अंटाकर्टिका का आकाश। यही नहीं, शीत ऋतु में ग्रीष्म ऋतु के आकाश का दर्शन हो सकता है।

अन्य विशेषता है, प्रोजेक्टर द्वारा दीर्घकालीन गतिवाले ग्रहों की गति को कुछ एक मिनटों में दिखाया जा सकता है। धूमकेतु भी देखे जा सकते हैं।

छात्रों के लिए तथा सामान्य जनता में खगोल विज्ञान के प्रति अभिरुचि जाग्रत करने में ऐसी नक्षत्रशालाएँ विशेष भूमिका अदा करती हैं।

हमारे देश में पहली नक्षत्रशाला 1954 में पुणे में स्थापित की गई थी। अब तो प्रमुख नगरों यथा—कलकत्ता, मुंबई, दिल्ली, हैदराबाद, बड़ौदा, इलाहाबाद आदि में ऐसी नक्षत्रशालाएँ हैं और मद्रास, लखनऊ, बंगलौर आदि में नवीन नक्षत्रशालाएँ बनने जा रही हैं।

कुछ अंतरिक्ष विज्ञानी

विदेशी—अमेरिका में रॉबर्ट गोगार्ड, फ्रांस में रोबर एसनाल पेल्तेरी, जर्मनी में हरमान ओबर्थ, रूस में त्सिओल्कोवस्की (इन्होंने 1903 में 'द एक्सप्लोरेशन ऑफ कास्मिक स्पेस' पुस्तक लिखी थी।), फ्रेडरिक त्सांदर, यूरी कोंदरात्यूक, निकोलाई

रीनिन, सेर्गेइ कोरोलेव (अंतरिक्ष यान के अभिकल्पक)।

हमारे देश के अंतरिक्ष विज्ञानी—डॉ. विक्रम साराभाई, डॉ. जयंत विष्णु नार्लिकर, डॉ. गोविंद स्वरूप, डॉ. यू.आर. राव, प्रो. सतीश धवन तथा सुब्रह्मण्यम चंद्रशेखर (मृत्यु 1995)।

कुछ विदेशी ताराभौतिकी विशेषज्ञ—इंग्लैंड के स्टैनली एडिंगटन (1882-1944) तथा अमेरिका के हेनरी नारिस रसेल (1877-1957) और कार्ल जी. जैंस्की (1905-1950)।

□□□